Verführte Wahrheit

E-mail: opuslutra@gmx.de
© Januar 2025 Rainer Lutra, alle Rechte liegen beim Autor
Umschlagfoto: Bernd Wewior
Verlag: BoD · Books on Demand GmbH, In de Tarpen 42,
22848 Norderstedt, bod@bod.de
Druck: Libri Plureos GmbH, Friedensallee 273,
22763 Hamburg

ISBN: 978-3-7693-5226-9

Rainer Lutra

Verführte Wahrheit

Im Netz einer toxischen Liebe

Briefroman eines 56-jährigen Mannes

Anmerkung des Autors

Dies ist kein gewöhnlicher Roman. Was Sie hier lesen, entspringt nicht der reinen Fantasie, sondern ist geprägt von Erlebnissen, die mein Leben für immer verändert haben. Die Seiten, die vor Ihnen liegen, sind durchzogen von Erinnerungen, die mich noch immer begleiten, auch nach all den Jahren. Es ist die Geschichte einer Beziehung, die es wirklich gab, und einer Liebe, die jenseits aller Grenzen wuchs: geographisch, sprachlich und emotional. Diese Beziehung spielte im Grenzgebiet zu einem unserer Nachbarländer, und ihre Existenz hat in meinem Herzen unauslöschliche Spuren hinterlassen.

Dieses Buch ist ein Versuch, die Zeit einzufangen und die Eindrücke zu Verarbeiten, die in Momenten großer Nähe und tiefen Empfindens entstanden sind. Die Geschehnisse sind real, genauso wie die Sehnsucht, die zwischen den Zeilen schwingt. Es ist eine Erzählung über eine Beziehung, die mein Leben prägte, und über eine Liebe, die nicht an Zeit oder Raum scheiterte, sondern an narzisstischer Kälte.

Manchmal habe ich mich gefragt, warum diese Erinnerungen so lebendig geblieben sind, warum sie nach so vielen Jahren immer wieder aufsteigen, als wären sie gerade erst geschehen. Vielleicht, weil wahre Gefühle niemals verblassen. Vielleicht, weil manche Menschen in unserem Leben mehr als nur eine Rolle spielen, sie sind Kapitel, die unser Buch des Lebens bestimmen. Vermutlich auch vor Angst einer Wiederholung.

Meine in Worte gefassten Gedanken sind mehr als ein Tagebuch. Sie sind ein Dialog mit der Vergangenheit, ein Blick zurück, der nach vorn weist. Es mag persönlich sein, aber ich hoffe, dass es dennoch etwas in Ihnen, den Lesern, berühren kann. Denn am Ende sind es die universellen Themen – Liebe, Verlust, Erinnerung – die uns alle verbinden.

Möge dieser Roman nicht nur von der Frau erzählen, die ich einst, wenn auch zu kurz, liebte, sondern auch von der Kraft der Gefühle, die uns über Grenzen hinwegträgt.

Aus meinem Tagebuch

Kontaktanzeige

Meine Sehnsucht war nicht mehr zu bändigen, eine Frau für eine Beziehung zu finden, notfalls für eine Affäre, hoffentlich für mehr. Mit diesen Gedanken gab ich online die Kontaktanzeige in der regionalen Samstagsausgabe auf:

> **Junggebliebener,** dynamischer Er, 58, geschieden, sportlich, Golfspieler, mit klassischen Werten, sucht für eine reife Beziehung die unabhängige Frau für Kultur, Bildung, Reisen und prickelnde Erotik. Gesucht@......de Zuschriften unter OZ 169

Wer wagt es, in einer Tageszeitung nach einer Frau für „prickelnde Erotik" zu suchen? Mit dieser Frage hatte ich mich schon während des Schreibens meiner Anzeige beschäftigt. Aber genau darum ging es mir, ein wenig Mut zeigen, etwas wagen, statt auf die altmodischen „Ehewünsche"-Rubriken zu setzen, die mich in ihrer Langeweile fast zum Einschlafen brachten. Ich hatte zusätzlich zur Chiffre eine E-Mail-Adresse angegeben, um Frauen, die keine Zeit und Geduld für Chiffre-Antworten verschwenden wollten, eine schnelle Kontaktoption zu bieten. Die Idee, wochenlang auf eine Antwort zu warten, und dann das ewige Hin und Her mit Briefen, das passte nicht mehr für alle Frauen ins Heute. Ich wollte ebenso gerne direkte Kommunikation und glaubte fest, dass es Damen gibt, die ebenso denken.

Schon eine ganze Weile nach meiner Scheidung lebte ich ohne feste Beziehung, und ja, die Abende und Nächte hatten etwas Einsames. Aber was ich vermisste, war diese intensive, körperliche Verbindung, das Kribbeln, das Feuer. „Prickelnde Erotik", so hatte ich es in meiner Anzeige formuliert. Und ich meinte es genauso, wie es da stand, und war voller Neugier, ob und wie darauf eine Frau reagieren würde.

Nur einen Tag nach der Veröffentlichung war sie da: die erste Antwort. Mein Herz schlug schneller, als ich eine E-Mail mit unbekannter Adresse öffnete. Sie hatte sich *„Hallo Unbekannter"* als Anrede ausgesucht, neutral, aber nicht ohne eine gewisse Wärme. Ihre Worte waren höflich, fast formell, aber dazwischen spürte ich etwas, das mich elektrisierte. Sie schrieb, dass meine Anzeige sie neugierig gemacht hätte. Ich lächelte vor mich hin. Genau das wollte ich erreichen. Und doch fragte ich mich: Wie viel davon war echtes Interesse, und wie viel einfach nur der Reiz, den diese wenigen Worte in der Anzeige eventuell auslösten?

Als ich ihre Nachricht erneut las, fiel mir auf, dass sie sich selbst in einem Zwiespalt zu befinden schien. Sie hatte meine Anzeige gelesen, darüber nachgedacht, gezögert und dann doch auf „Senden" gedrückt. Das gefiel mir. Es zeigte, dass sie mutig war, sich selbst treu blieb, aber auch nach etwas suchte, das ihr fehlte. Genau das machte sie interessant.

Ich überlegte nicht lange, bevor ich antwortete. Auch wollte ich sie nicht warten lassen, und ich hatte genug Lebenserfahrung, um zu wissen, dass man eine Gelegenheit beim Schopf packen musste. Meine Antwort fiel länger aus, als ich ursprünglich geplant hatte. Ich erzählte ein wenig von mir, ließ aber bewusst vieles offen. Geheimnisse hatten ihren Reiz, und ich wollte sie neugierig halten. Es ging mir nicht darum, sie gleich in ein Café oder Restaurant einzuladen. Nein, ich wollte, dass sie sich ein Bild von mir machte, ein Bild, das sie reizen würde, mehr zu erfahren.

Nachdem ich die E-Mail abgeschickt hatte, lehnte ich mich zurück und trank einen Cappuccino auf meiner Terrasse. Die Sonne sank langsam hinter dem Hügel, und ich fragte mich, was sie gerade tat. Vielleicht war sie wie ich allein in ihrer Wohnung, vielleicht ging sie auch einfach ihren Alltagspflichten nach, während meine Nachricht auf ihrem Laptop oder Smartphone wartete.

Ich wollte mir ihre Gedanken vorstellen: Ob sie mich wohl attraktiv fand? Ob sie glaubte, dass ich das war, was sie suchte? Und dann, das wurde mir plötzlich klar, war es nicht auch ein Risiko für mich? Würde sie eine Frau sein, die zu meinen Worten passte? Es gab keine Garantie, dass es klickte, dass Funken sprühten. Aber war das nicht auch der Reiz an der Sache? Und sie war ja nur die erste Frau, die auf meine Anzeige antwortete.

Liebe Cynthia,

vielen Dank für Deine Nachricht. Es hat mich gefreut, zu lesen, dass meine Worte etwas in Dir bewegt haben, vielleicht Neugier, vielleicht ein leichtes Kribbeln? Mit diesem Gedanken schreibe ich Dir nun zurück.

Lass uns das „Du" wagen. Es passt besser, wenn man sich darauf einlässt, einander näher zu kommen, vorsichtig und mit Respekt, natürlich. Und Respekt ist mir wichtig, in der Sprache ebenso wie in der Begegnung.

Lass mich mit etwas beginnen, das ich klarstellen möchte: Ich bin ein Mensch, der die Wahrheit schätzt, in Worten wie in Taten. Lügen und falsches Theater? Das habe ich hinter mir gelassen. Alles, was Du von mir hörst oder liest, ist aufrichtig.

Ich bin 56 Jahre alt, bald 57, und ja, ich habe eine winzige Zahl in der Anzeige verschleiert. Nicht, um Dich zu täuschen, sondern aus einem kleinen Schutz heraus. Du verstehst sicher, dass man manchmal mehr von sich preisgibt, als man zunächst will. Aber jetzt, da wir uns schreiben, möchte ich keine Geheimnisse vor Dir haben.

Ein paar Worte zu mir: Ich schätze Kultur, feinsinnige Gespräche und das Leben in all seinen Facetten. Ich liebe die leisen Momente, einen Spaziergang am Fluss, das Lächeln bei einer Tasse Cappuccino im Bett, genauso wie die intensiven Augenblicke. Für mich bedeutet Nähe nicht nur Worte, sondern auch Gesten.

Die Frau, die ich suche, ist jemand, die Genuss ebenso liebt wie ich, sei es bei einem Konzert, einem Museumsbesuch oder einem Schaufensterbummel im Sommerregen. Sie ist jemand, die das Leben mit allen Sinnen erlebt, die sich in einem Kuss verlieren kann, während der Regen auf uns herabprasselt. Und ja, sie ist jemand, die keine Angst hat, Leidenschaft zuzulassen.

Für mich ist Erotik ein Tanz, bei dem Respekt nie verloren geht, sei es in einer Nachricht, einem Blick oder einem Berühren. Es ist das Spiel der Sinne, das uns einander näherbringt, manchmal verspielt, manchmal intensiv.

Ich koche übrigens leidenschaftlich gern, besonders in Gesellschaft. Ein Abend, an dem wir gemeinsam in der Küche stehen, uns beim Zubereiten des Essens necken und der bei Kerzenschein beginnt, aber keineswegs dort endet, gehört zu meinen Lieblingsfantasien. Am Montag bekomme ich eine neue Küche eingebaut, vielleicht ein passender Ort, um diese Vorstellung Realität werden zu lassen?

Cynthia, ich möchte ehrlich sein: Meine Hoffnung ist, dass aus einem kleinen Funken eine Flamme wird. Nicht nur für ein Abenteuer, sondern vielleicht für eine Verbindung, die mit einem leisen „Wir gehören zusammen" ihren Anfang findet.

Doch bis dahin bleiben wir neugierig. Erzähle mir von Dir, von Deinen Träumen, Deinen Wünschen, von dem, was Du suchst. Ich möchte, dass „Ich"

hinter mir lassen und herausfinden, ob es ein „Wir"
geben kann.

Ich freue mich, bald von Dir zu hören.

Liebe Grüße R.

PS. Wenn Du magst, können wir Fotos austau-
schen, müssen aber nichts überstürzen. Es ist der
Mensch hinter den Bildern, der zählt.

Ihre Antwort, sie kam nur wenige Stunden später,
haute mich fast um. Ich hatte ja gehofft, dass sie interessant wäre, vielleicht auch ein wenig neugierig auf
mich, aber das hier? Das übertraf jede Erwartung.

Schon die ersten Zeilen fesselten mich. Sie schrieb
offen, fast herausfordernd, und doch mit einer
gewissen Eleganz, die mich beeindruckte. Ich konnte
spüren, dass sie sich Mühe gegeben hatte, genau die
richtige Mischung aus Lockerheit und Ernsthaftigkeit
zu treffen. Es war, als wollte sie mir zeigen: Ich bin
keine, die Du so leicht durchschauen kannst.

Sie erzählte mir von sich, von ihrem kleinen Ort,
kaum 35 Kilometer von meinem entfernt. Ich musste
schmunzeln. Die Welt ist doch klein, dachte ich. Und
dann, wie aus dem Nichts, diese Wendung: *„Halt, liebe
Cynthia"*, schrieb sie, fast so, als würde sie sich selbst
in die Realität zurückrufen, *„suchst Du wirklich einen
Mann, der so nah wohnt, dass er plötzlich vor Deiner
Haustür steht, wenn Du ihn loswerden willst?"*

Ich lachte laut auf. Diese Frau war witzig, scharf-
sinnig, und sie hatte keine Scheu, ihre Gedanken

direkt mit mir zu teilen, selbst die, die sie vielleicht besser hätte verschweigen sollen. Aber genau das machte sie so faszinierend.

Dann las ich, wie sie mit sich rang. *„Ich wollte kurzen schnellen Sex"*, schrieb sie, *„mit Stil und Charme, ein Mann, der Niveau hat, auch im Bett."* Diese Direktheit. Es war, als würde sie mir mit jedem Satz einen kleinen Einblick in ihre Gedankenwelt gewähren, während sie gleichzeitig dafür sorgte, dass ich mehr erfahren wollte.

Und dann ihre eingefügten Fotos. Als ich ihre Worte las, spürte ich, wie meine Neugier ins Unermessliche stieg. Sie erzählte von ihrem Urlaub auf den Malediven und den Fotos, die sie mir noch zusätzlich schicken wollte. Das Bild vom Strand, ihre langen Beine, auf die sie stolz ist, sie wusste genau, wie sie sich in Szene setzte. Und dann das Bild mit dem Frosch aus Stein, der zum Prinzen werden sollte. Sie beschrieb es so lebhaft, dass ich es fast vor mir sah: Ihr tief ausgeschnittenes Kleid, die Brüste, die kaum darin Platz fanden, und dieser Hauch von Selbstironie, der alles durchzog.

Sie hätte auch zwei „normale" Schnappschüsse angehängt, schrieb sie. „Das Mädchen von nebenan", nannte sie es, aber ich hatte das Gefühl, dass sie in Wahrheit alles andere war als das.

Und dann kam der Moment, an dem ich merkte, dass sie sich nicht nur für mich interessierte, sondern auch ein wenig Respekt vor meiner Meinung hatte. Sie schrieb mir, dass sie mich mit ihren 180 cm überragen würde. Sie erzählte von ihrem sportlichen Körper, fast beiläufig, aber mit einem gewissen Stolz, der mich lächeln ließ.

Doch der Teil, der mich am meisten berührte, war ihr offener Umgang mit ihrer aktuellen Situation. Sie erklärte, warum sie mir an einem Montag so ausführlich schreiben konnte, wegen eines Hexenschusses, der sie an der Arbeit hinderte. Aber sie tat es so, dass kein Raum für Mitleid blieb. Im Gegenteil, sie machte klar, dass sie kämpferisch war, voller Energie, und dass sie keine Frau war, die sich von einem Rückschlag unterkriegen ließ.

Ich war beeindruckt. Tief beeindruckt.

Natürlich hatte sie mir noch weitere Fotos geschickt, wie ich es vorgeschlagen hatte. Und als ich sie öffnete, wusste ich, dass ich sie unbedingt treffen musste. Nicht irgendwann, sondern bald. Diese Frau war nicht nur attraktiv, sie war klug, witzig, und sie hatte das gewisse Etwas, das man nicht erklären kann, das man aber spürt, wenn es da ist.

Ich schrieb ihr sofort zurück, ohne zu zögern. Es waren nur wenige Minuten vergangen, seit sie mir ihre Antwort geschickt hatte. Aber diese Zeit reichte, um mir klarzumachen, dass sie eine Frau war, die ich nicht einfach ignorieren konnte.

... Wow, Du bist eine sehr attraktive Frau, darf ich jetzt weiteratmen?
Liebe Grüße R.

PS. Ich halte immer noch die Luft an!

Ich saß da, starrte auf den Bildschirm, betrachtete mir ihre Fotos, und versuchte, mir die Frau hinter diesen frechen, fast unverschämten Zeilen vorzustellen. Sie ließ mich schmunzeln, brachte mich zum Nachdenken, und gleichzeitig zur Ratlosigkeit. Wie zum Teufel konnte jemand so direkt, so provokant, und dabei so unerhört charmant sein? Ich spürte, wie sie mich durch ihre Worte testete, wie sie meine Reaktionen ausloten wollte, und dabei fast spielerisch die Oberhand behielt.

Sie lacht sich bestimmt schlapp, dachte ich mir. Vermutlich sitzt sie gerade in ihrem Sessel, einen Kaffee oder vielleicht ein Glas Wein in der Hand, und malt sich aus, wie ich hier vor meinem Computer die Luft anhalte. Die Vorstellung, dass sie mir insgeheim amüsiert unterstellte, ich würde nichts anderes im Kopf haben, als sie ins Bett zu kriegen, war gleichermaßen witzig wie herausfordernd. Verdammt, sie hatte ja recht, musste ich mir eingestehen. Natürlich wollte ich sie kennenlernen, sie sehen, ihre Stimme hören. Und ja, verdammt noch mal, auch der Gedanke an Nähe, an diese knisternde Spannung, an alles, was danach kommen könnte, ließ mich nicht los.

Aber dann war da diese Bemerkung über meine Küche. Ich konnte mir fast bildlich vorstellen, wie sie die Augen verdrehte, als sie meine Nachricht las: Küche wird gerade eingebaut, zwei alte Kumpels helfen mir. In ihrer Phantasie saßen wir wohl jetzt schon mit einer Kiste Bier zusammen, Männer-Klischee Nummer eins, während sie ungeduldig darauf wartete, dass ich endlich die Initiative ergriff. Ich lachte leise in mich hinein, ja, ich vermutete, dass sie wahrscheinlich gerade so dachte.

Aber sie war keine „Durschnittsfrau". Das wurde mir ebenso klar. Es gab keine gespielte Zurückhaltung in ihren Worten, kein Anbiedern, kein schüchternes Tasten nach Sympathie. Sie wusste, was sie wollte, oder besser gesagt, wen sie wollte. Und das beeindruckte mich. So viele Frauen waren in ihren Nachrichten nett, höflich, zurückhaltend, fast ängstlich, abwartend, manchmal charmant, aber sie? Sie war unverblümt, roh und unverschämt ehrlich.

Ich stellte mir vor, wie sie da saß, mit ihrem Laptop auf den Knien, wahrscheinlich fluchend, weil ihr Rücken sie wieder quälte. Sie hatte es ja erwähnt, der blöde Hexenschuss. Allein die Art, wie sie über ihre Schmerzen schrieb, machte mir klar, dass sie eine Kämpferin war. Keine, die jammert und wartet, dass man sie bemitleidet. Nein, sie wollte einfach, dass man sie nimmt, wie sie ist, mit allen Macken und Ecken, aber auch mit diesem Feuer, das in ihr brannte. Ich spürte förmlich, wie ungeduldig sie war. Ihre Worte hatten eine Dringlichkeit, die mich mehr als neugierig machte. Sie wollte nicht warten, nicht auf mich, nicht auf irgendjemanden. Das Leben, so schien es, war für sie ein Tanz, der keinen Stillstand kannte, auch wenn sie gerade verletzt war. Sie gierte nach Bewegung, nach Nähe, nach etwas, das sie aus ihrem

Alltag riss. Und jetzt? Jetzt war ich wohl an der Reihe, ihr genau das zu bieten.

Ich entschied für mich, dass ich sie so schnell wie möglich treffen wollte. Aber nicht nur wegen der Erotik, die zwischen unseren Nachrichten knisterte. Sie war geheimnisvoll frech. Und das war genau das, was mich neugierig machte.

„Lieber R., wie läuft's mit der neuen Küche? Ist die Kaffeemaschine schon in Betrieb? Und was ist mit der Spülmaschine – läuft die schon?"

Ich musste schmunzeln, als ich ihre Nachricht las. Es war dieser typische, leichte Einstieg, der irgendwie nichts sagen wollte und doch alles über ihren Humor verriet. Sie hatte offensichtlich eine gute Portion Selbstironie, und das gefiel mir. Aber dann wechselte der Ton plötzlich, und ihre Worte nahmen eine Intensität an, die mich aufhorchen ließ.

„Das Thema Erotik ist natürlich schon sehr intim," schrieb sie, *„...eigentlich geht es gar nicht intimer."* *„Aber es ist wichtig, und zu viele Partnerschaften zerbrechen daran. Genauso wichtig ist es, mit bestimmten Vorlieben nicht hinterm Berg zu halten – oder sich die Bedürfnisse woanders zu holen."*

Ich musste die Zeilen zweimal lesen, so direkt war sie, so unverschleiert. Ihre Ehrlichkeit traf mich wie ein Klaps auf den Kopf, und gleichzeitig war es genau das, was mich faszinierte.

Ich stellte mir vor, wie sie wohl gezögert hatte, bevor sie diese Zeilen schrieb. Vielleicht hatte sie den Satz einmal gelöscht und dann doch wieder eingefügt. Sie schrieb, als würde sie einen offenen Brief an sich selbst verfassen, fast schon selbstkritisch. Aber da war auch diese Selbstverständlichkeit, die zeigte, dass sie wusste, was sie wollte, oder bestimmt, was sie nicht wollte.

„Ich erschrak über meine eigenen Worte," hatte sie sogar zugegeben. Nicht weil sie ihre Bedürfnisse andeutete, sondern weil ihre Zeilen klangen, als suche sie eine Partnerschaft. Ich lächelte, als ich das las. Sie versuchte, sich selbst einzubremsen, als hätte sie Angst, dass sie durch ihre Ehrlichkeit zu viel von sich preisgab. Doch genau das machte sie so unglaublich echt. Und dann kam dieser Gedanke, den sie mit entwaffnender Offenheit formulierte: *„Egal, das wird sich sowieso ergeben, wie es nun mal kommt."*

Es war ein Satz, der alles relativierte, der ihre Unkompliziertheit zeigte. Sie war kein Mensch, der Pläne schmiedete oder sich Illusionen machte. Sie lebte im Moment und nahm die Dinge, wie sie kamen.

Aber was sie über ihre „Vorlieben" schrieb, ließ mich schmunzeln. Sie hatte klar gemacht, dass sie ihre Bedürfnisse nicht verleugnen wollte. Gleichzeitig hatte sie eingeräumt, dass bestimmte Dinge Zeit brauchen, dass sie nicht vorhatte, alles, was sie ausmachte, gleich in einer Nacht auf den Tisch zu legen. Ich spürte, wie eine Mischung aus Respekt und Verlangen in mir aufstieg. Cynthia hatte Tiefe, und sie wusste genau, wie sie mit ihrem Charme spielen konnte.

Doch der nächste Teil ihrer Nachricht brachte eine unerwartete Wendung. *„Scheiß' Rücken,"* schrieb sie, und ich konnte förmlich spüren, wie sie vor Schmerz die Zähne zusammenbiss. Offenbar machte ihr der Hexenschuss sehr zu schaffen, und ich fragte mich unwillkürlich, wie sehr das ihr Leben beeinflussen musste.

Sie zeigte aber auch hier wieder ihren Humor. *„Ich nehme mir vor, sobald unser Treffen steht, alle zwei Stunden Schmerztabletten einzuwerfen."*

Allein die Art, wie sie das schrieb, brachte mich zum Lachen. Sie machte sich über sich selbst lustig, wollte um jeden Preis vermeiden, hilflos oder schwach zu wirken. Stattdessen beschrieb sie, wie sie verhindern wollte, dass ich sie mit dem AOK-Chopper abholen müsste, anstatt mit einem „Cabriolet". Diese Frau war einfach hinreißend.

Je mehr ich las, desto mehr wuchs meine Neugier. Sie war direkt, charmant, verletzlich, aber gleichzeitig stark. Ich konnte mir nicht helfen, ich wollte sie unbedingt kennenlernen.

Ich schickte ihr mit meiner nächsten E-Mail meine Telefonnummer und wartete sehnsüchtig auf ihren Anruf.

Als gerade eine zweite Tasse Kaffee einlief, schrillte mein Telefon. Es war Cynthia.

„Guten Morgen Cynthia, schön dass wir jetzt nicht nur unsere Worte lesen, sondern auch unsere Stimmen hören."

Sie erzählte mir, sie konnte sich kaum auf den Beinen halten, der Schmerz zog sich durch ihren Rücken wie ein scharfer Strom. Trotzdem schleppte sie sich zum Laptop und, siehe da, sie freute sich, dass ich ihr meine Telefonnummer geschickt hatte, und ihr wurde bei der Vorwahl klar, noch viel besser: *„Er wohnt fast um die Ecke, im Nachbarstädtchen. Es war fast zu schön, um wahr zu sein."*

Wie ging es mit Cynthia weiter?

Es fing ganz harmlos an, dieses typische Kennenlernen am Telefon. Ihre Stimme war ruhig und sympathisch, das hat mich gleich gepackt. Sie begrüßte mich mit: *„Hallo, Cynthia hier. Danke für Deine Telefonnummer."* Und dann begann das übliche Gespräch, wie man es eben beim ersten Kontakt führt. Wir haben wirklich über alles geredet: Gott und die Welt, das Kochen, was sie mag, was nicht, und bei ihr war das wohl eher überschaubar. Dann Kinder, Berufe, Urlaube, Filme, sogar Lieblingsfarben kamen auf den Tisch.

Und dann stellte ich die Frage, mit der sie nicht gerechnet hatte: „Was hat Dich an meiner Anzeige am meisten angesprochen?"

Ich ahnte sofort, was sie sagen würde - ohne auch nur eine Sekunde zu zögern: *„Die prickelnde Erotik."* „Weißt du, ich war ganz direkt, so bin ich eben." Sie lachte laut, und das war das erste Mal, dass ich das Gefühl hatte, sie fühlt sich wohl. Dann fragte sie gleich: *„Wann sehen wir uns?"*

„Liegt an Dir," habe ich geantwortet.

„Morgen?"

„Gerne!" sagte ich, aber dann fiel mir plötzlich ein, dass ich am nächsten Tag zu diesem Vortrag über die Seidenstraße wollte. Das hab ich ihr auch gesagt, und sie schlug vor, mich danach bei ihr zu melden. Sie hatte mir sogar gleich ihre Handynummer gegeben, ziemlich praktisch, falls sie unterwegs war.

„Ciao, bis morgen",

„Ja, tschüss, ich freue mich," kam von ihr zurück.

Das erste Gespräch am Telefon, es fühlte sich in dem Moment so verdammt echt an. Es war nicht nur ein Gespräch, da war direkt eine Verbindung.

Der nächste Tag war ein Samstag. Ich hatte den ganzen Tag Zeit, weil ich wusste, dass ich mich erst nach dem Vortrag melden würde. Ich konnte mich noch auf den üblichen Samstagskram konzentrieren, der auch zu erledigen war: Einkaufen Wäsche waschen, Rasen mähen. Von 15 bis 16:30 Uhr war ich beim Vortrag, gegen 17 Uhr klingelte Cynthia mich an: „Hallo?" meldete ich mich, und da war sie dran.

„Wir können uns morgen treffen," sagte sie einfach so.

„Oh, schön," antwortete ich, vielleicht ein bisschen betont überrascht.

„Wo?"

„Weiß nicht," und das klang geradsinnig.

Ich schlug die Eisdiele „Calabria" vor. Cappuccino oder Eisbecher klingt doch immer gut, oder? Sie war einverstanden, meinte aber, sie wisse nicht genau, wann fertig sein würde. *„Du weißt schon, anziehen, frisieren, schminken, das alles kostet Zeit."* Wir haben uns so verabredet, dass sie mich anruft, wenn sie losfährt.

Am nächsten Tag, kurz nach 18 Uhr rief sie dann an: *„Ich kann gegen sieben da sein."*

Mir war bewusst, dass das „nur" ein erstes Treffen war, aber trotzdem, es fühlte sich irgendwie anders an. Sie war eine Frau, die genau wusste, was sie suchte, das hatte ich schon am Telefon gemerkt.

Kurz vor sieben war ich da, aber die Eisdiele war brechend voll, und natürlich war kein Parkplatz in der Nähe frei. Während ich meinen Wagen parkte, sah ich sie, oder besser gesagt, ihr Auto. Sie hatte mich auch gesehen und hielt an. Ich ging auf sie zu und sagte: „Hallo Cynthia."

„Hallo R.," begrüßte sie mich aus dem Autofenster.

Ich wurde ein bisschen nervös, weil sie mitten auf der Straße hielt und die anderen Autos an ihr vorbeifahren mussten. Aber das war ihr scheinbar egal. Sie fragte, wo es hier noch Parkplätze geben könnte, und ich schlug vor, dass wir in die Seitenstraßen fahren.

Dann meinte sie, die Eisdiele sei zu voll. Also schlug ich ein Bistro vor, aber das war ihr zu weit, wegen ihres Rückens. Sie hatte wohl starke Schmerzen. Am Ende fuhr ich vor, und sie folgte mir, fünf Kilometer bis zum Parkplatz mitten in meiner kleinen Stadt, da waren um diese Uhrzeit immer Parkplätze frei.

Als ich ausstieg, und zu ihrem Wagen ging, ihre Fahrertüre öffnete, schaute ich wohl ein bisschen erschrocken. Da habe ich gemerkt, wie schlecht es ihr wirklich ging. Sie konnte kaum aufstehen. „Scheiße", dachte ich, was soll ich machen? Aber ich hielt den Mund. Sie hat mir dann ganz direkt gesagt, dass sie nicht weit laufen kann.

Wir überlegten, was wir machen könnten, und sie schlug vor: *„Wie wär's mit der Passage, ins Adria?"* Meine Antwort war, dass es mir egal ist, wohin, Hauptsache, sie fühlt sich wohl.

Cynthia zeigte nicht nur Stärke, ihre Worte waren auch verdammt ehrlich. Sie hat sich nicht verstellt, und das hat mich beeindruckt. Es wurde vielleicht kein perfektes erstes Treffen, aber es hatte mir gezeigt, dass sie jemand ist, mit dem man aufrichtig sein kann. Und das ist doch das, was zählt.

So gingen wir dann ganz langsam zum Bistro, wie ein *„altes Ehepaar"*, wie sie es nannte. Wir unterhielten uns angeregt, aber ich bemerkte, dass Cynthia immer wieder auf ihrem Stuhl hin und her rutschte. Es schien, als wüsste sie bald nicht mehr, wie sie sitzen sollte. Nach einer guten Stunde hatte ich das Gefühl, dass dies ein kein gewöhnliches erstes Date werden wird. Wir waren sehr in unseren Gesprächen vertieft, und das Ganze nahm eine andere Richtung, als ich ursprünglich erwartet hatte.

Gegen 21:00 Uhr konnte Cynthia kaum noch sitzen und bat mich, dass wir zurück zu den Autos gehen. Sie musste dringend nach Hause und sich hinlegen, die Schmerzen waren einfach unerträglich geworden. Ich merkte, dass sie sich das auch anders vorgestellt hatte, aber sie wirkte keineswegs enttäuscht. Ich begleitete sie langsam zurück zum Parkplatz, die Bewegung tat ihr gut, und ihre Gesellschaft war mir durchaus angenehm. Sie war mir wirklich sympathisch, aber es war offensichtlich, dass an diesem Abend nichts mehr passieren würde, mit diesen Schmerzen war an Zweisamkeit nicht zu denken. Ihre Lendenwirbel bestraften sie geradezu.

Auf dem Parkplatz angekommen, unterhielten wir uns noch ein paar Minuten. Es war dunkel, nur eine spärliche Parkplatzbeleuchtung erhellte uns, aber irgendwie machte es unser Gespräch noch ein Stück intimer. Cynthia kam wieder auf das Thema Erotik, auf die Sehnsüchte nach körperlicher Nähe. Ich merkte, dass es sie nicht störte, über solche Dinge zu sprechen, und wir gerieten immer weiter in ein vertrauliches Gespräch. Es war wie ein zaghaftes Herantasten. Und plötzlich begann sie, mir etwas anzuvertrauen, was sie mir wohl erzählen wollte, damit ich entscheiden konnte, ob wir uns tatsächlich irgendwann näher kommen würden. Sie sagte:

„Du, ich habe eine ganz spezielle Leidenschaft."
Erzähle sie mir, antwortete ich, gespannt.
„Ich mag keine Haare."
Bei dir oder bei mir? Fragte ich, neugierig.
Nein, ich meine, ich mag Haare nur da, wo sie hingehören, auf dem Kopf.

Stimmt, da gehören sie hin.

„R., ich habe kein Härchen am ganzen Körper."

Nichts ist schöner, weiblicher, weicher, genuss-voller, als glatte Haut, sagte ich, und mir war klar, dass sie offensichtlich auf eine solche Antwort gewartet hatte. Ich mochte es, einen Körper zu berühren, der jeden Tag blitzblank rasiert wurde, fügte ich noch hinzu.

Wir redeten noch ein paar Minuten, bis sie es schließlich vor Schmerzen nicht mehr aushielt. Cynthia stand schon wieder zu lange mit mir auf dem Parkplatz, vor ihrem Auto. Sie sagte plötzlich: *„R., ich muss jetzt nach Hause, ich brauche Schmerztabletten!"*

Was machst du morgen? Fragte ich noch, weil ich sie irgendwie doch nicht so schnell loslassen wollte.

„Ich habe um 12:00 Uhr einen Termin im Krankenhaus, bekomme eine PRT-Behandlung, eine Nervinfiltration unter dem CT. Davon erhofft sich mein Arzt und ich end-lich Linderung."

Ich begleite dich, sagte ich spontan. Ganz ehrlich, ein solches Kennenlernen hatte ich nicht erwartet, aber in dem Moment wollte ich einfach für sie da sein. Sie war überrascht, und wir verabredeten uns, für kurz vor 12:00 Uhr. Wir würden uns auf dem Park-platz des Krankenhauses zu treffen.

Nach einer kurzen Umarmung und einem Kuss auf die Wange half ich ihr ins Auto, und sie fuhr nach Hause. Ich blieb noch ein paar Minuten auf dem Park-platz stehen und dachte nach. So hatte ich mir das mit ihr nicht augemalt. Trotzdem, Cynthia gefiel mir, ihre

Art, ihr Charme, wie sie sprach. Sie war gepflegt und hatte eine sehr angenehme Ausstrahlung. Wenn sie auch beim Kuscheln die richtige Sprache beherrschte, würde der Krankenhaustermin am nächsten Tages bestimmt nicht unser letztes Treffen sein. Zu Hause angekommen, legte ich mich ins Bett, dachte an den Abend zurück und freute mich auf das, was noch kommen könnte, und schlief ein.

Am Montagmorgen, eine Nacht nach unserem ersten Treffen, machte ich mich auf den Weg ins Krankenhaus, um Cynthia zu begleiten. Der Tag war nicht so, wie ich ihn mir gerne vorgestellt hätte, aber er war aufregend. Cynthia, so hatte ich es mir in den letzten Stunden vorgestellt, könnte mehr als nur eine flüchtige Bekanntschaft werden. Sie hatte etwas an sich, das mich fesselte, aber ich hatte nie wirklich erwartet, dass unser zweites Treffen so verlaufen würde.

Ich war früh angekommen, auf dem kleinen Parkplatz des Krankenhauses, und wartete auf sie. Sie hatte mir noch schnell via WhatsApp geschrieben, sie würde es kaum schaffen, wenn ich nicht helfend zur Seite stünde. Und so stand ich da, aufgeregt und nervös, wartete und schaute, bis ich sie endlich in der Ferne sah, ihren roten Wagen und dann sie. Als sie anhielt, öffnete ich die Tür und half ihr aus dem Auto, spürte sofort, dass sie Schmerzen hatte. Ihre Hand war klamm vor Angst und Anspannung, und ich spürte ein Mitgefühl, das mich selbst überraschte. Ich wusste, sie musste diesen Tag irgendwie durchstehen, und ich würde an ihrer Seite sein.

Der Moment, in dem wir uns gemeinsam zur Radiologie begaben, war voller Anspannung. Ich nahm ihre Hand und spürte, wie sie zitterte. Wie konnte es sein, dass ich, der anfangs nur eine Begegnung voller Abenteuer suchte, jetzt, beim zweiten Treffen, so für sie da war? Wir gingen durch die Flure, als hätten wir schon Jahre miteinander verbracht. Es war eine eigenartige Verbindung, und es fühlte sich gut an.

Als ihr Name aufgerufen wurde, übergab sie mir ihre Handtasche und ich folgte ihr in den Behandlungsraum. Ich konnte mir vorstellen, was für sie bevorstand, als sie sich unter das CT legte und die Spritze bekam. Ich ahnte, wie schlimm es für sie war. Als die Ärztin die Injektion setzte, sah ich, wie sie sich zusammenkrampfte, wie sich ihre Miene verzerrte vor Schmerz. Es war schlimm, doch sie hielt sich tapfer. Es brauchte einige Minuten, bis sie wieder aufstehen konnte, sie war zunächst wackelig auf den Beinen, richtig schwach, die Schmerzen machten sich brutal bemerkbar.

Ich half ihr aus dem Behandlungsraum, meine Hand immer noch in ihrer, und wir gingen langsam nach draußen. Der kleine Krankenhauspark war der ruhige Ort, an dem wir uns eine Pause gönnten. Sie lehnte sich an mich, ihre Tränen waren nah, aber sie kämpfte dagegen an. In diesen Momenten, als ich sie in meinen Armen hielt, fühlte ich mich ganz anders als bei einem Kennenlerndate. Ich wollte ihr einfach beistehen, ihr zeigen, dass sie nicht allein war. Sie war plötzlich keine fremde Frau mehr für mich. Es war merkwürdig, aber auch beruhigend.

Wir verbrachten eine ganze Zeit draußen, bis es ihr besser ging. Ich holte ihr etwas zu trinken, und wir setzten uns dann wieder in unsere Autos. Sie bat mich, sie nicht zu begleiten, und ich verstand es. Sie wollte ihren Weg alleine gehen, doch ich wusste, dass ich später noch nach ihr sehen würde.

Der Tag war immer noch nicht vorbei, und ich ahnte, dass das Treffen nicht mehr nur um ein erstes Kennenlernen ging. Es war mehr, viel mehr. Cynthia hatte eine Art an sich, die mich sofort fesselte, und auch sie schien an mir interessiert zu sein, meine Hilfe zu schätzen.

Am Abend trafen wir uns wieder, diesmal in einem Bistro, das ich so ausgesucht hatte, dass sie nicht weit laufen musste. Wir sprachen über vieles, über unsere Familien, die Höhen und Tiefen unseres Lebens, und dann sprach Cynthia wieder das Thema an, das uns immer näher zueinanderbringen sollte: Erotik und Verlangen. Wir sprachen offen und ehrlich miteinander, als wären wir schon viel länger ein Paar. Ich merkte, dass sich etwas veränderte, dass wir beide diese Nähe suchten, dass uns der Wunsch nach mehr Verband, trotz des außergewöhnlichen Tages. Oder gerade wegen meines Beistands an diesem Tag?

Als wir das Bistro verließen, ihre Schmerzen waren am Abend wohl erträglich, nach der Spritze am

Morgen, gingen wir an einem großen Spiegel vorbei. Cynthia hob ihren Kopf, wippte auf den Zehen, und ich bemerkte, dass sie versuchte, die Größe zwischen uns abzuschätzen. In dem Moment erkannte ich, dass ihre Größe, 180 Zentimeter, für sie eine Rolle spielte. Auch ich dachte nach und schrieb Cynthia später, dass es keine Rolle spielen durfte, Größe war nicht entscheidend, sondern das, was zwischen uns war.

Wir verabschiedeten uns an ihrem Auto, und als sie sich mir näherte, spürte ich, wie sich die Spannung zwischen uns auflud. Wir küssten uns, und es war ein Kuss, der mehr sagte als tausend Worte. Der Abend war vorbei, aber wir wussten beide, dass der nächste Schritt bald kommen würde. Als sie losfuhr, sagte ich zu ihr: Cynthia, ich möchte mehr von dir, und ich spüre, du bist bereit dafür. Und dann gab ich ihr einen Brief, den sie zu Hause lesen sollte. Es war ein Test, ein Test für uns beide, ob wir den Schritt wagen würden.

„Gute Nacht, schlafe gut", sagte sie mir, und ich wusste, dass der nächste Tag vieles verändern könnte.

Der Brief

Sie nahm den Brief an sich, er war zugeklebt, legte ihn auf den Beifahrersitz und fuhr nach Hause. Später erzählte sie mir: *„Zunächst ging ich in die Küche, holte mir eine Schmerztablette aus der Tischschublade, schenkte mir im Wohnzimmer ein Glas Rotwein ein, legte mich auf meine Couch, meine Schmerzen wurden wieder unerträglich, öffnete den Brief und begann zu lesen."*

Liebe Cynthia,

erst einmal möchte ich Dir für die schönen Stunden danken, die wir heute zusammen verbrachten. Froh bin ich, Dich kennengelernt zu haben, und ich habe mich bisher jede Minute mit Dir wohlgefühlt. Ich weiß es ja noch nicht, wie es Dir heute ergangen ist, obwohl ich es ja eigentlich erahne, so hoffe ich zumindest, so sagt es mir mein Bauchgefühl, ich wünsche es mir so sehr, deshalb hatte ich diesen Brief für Dich vorbereitet. Cynthia, ich muss Dir etwas Wichtiges mitteilen, dass ich nicht in die Anzeige schreiben konnte, Dir nicht in unseren ersten E-Mails und Telefonaten und auch nicht in unseren bisherigen Gesprächen so einfach offenbaren konnte, das Du aber wissen musst, bevor Du eine Entscheidung triffst, ob Du mich wiedersehen möchtest.

Ich schreibe dies vollkommen unabhängig und ohne Wissen von Deinem ersten Eindruck, oder was Dich jetzt nach unseren ersten Treffen bewegt, wie Du

Dich dabei fühlst. Und ich habe diesen Weg gewählt, weil es jetzt wichtig ist, so denke ich, aber ich kann natürlich auch falschliegen. Das ist das Schicksal der Begegnungen, damit müssen wir rechnen und es auch akzeptieren. Und ich denke, ich hoffe, Du wirst es auch so verstehen und akzeptieren.

Also, Cynthia, bei mir wurde 2015 im Rahmen einer Vorsorgeuntersuchung ein erhöhter PSA-Wert entdeckt und kurze Zeit später Prostatakrebs im Anfangsstadium festgestellt. Ich ließ mich im Dezember 2015 in Heidelberg operieren, sprich eine Prostatektomie durchführen. Wie oft bei solchen Operation, wurde bei mir ebenfalls durch die Operation (nicht durch den Tumor) Nervengewebe teilweise beschädigt, das zu einer eingeschränkten Erektionsfähigkeit führte, wohlgemerkt eingeschränkt, nicht impotent. Trotzdem war ich über den Verlauf der nächsten 18 Monate bezüglich der Rehabilitation nicht zufrieden und ließ mir im Oktober 2017 Schwellkörperimplantate einsetzen. Diese Therapie mag Dir vielleicht nichts sagen, die allermeisten Männer und Frauen haben jedenfalls nie davon gehört, es wird nur ca. 800-mal in Deutschland im Jahr durchgeführt.

Ich ließ nicht zu, dass eine „Laune der Natur" mir und meiner zukünftigen Partnerin, die Freude an der Erotik, die Lust am Sex nimmt. Deshalb hatte ich mich zu dieser Implantation entschlossen. Sie ist jetzt inzwischen vollständig verheilt, wenn auch ein gewisse Gewöhnungs- und Adaptionzeit für mich erforderlich war. Im Übrigen gelte ich als vollkommen geheilt.

Mein PSA-Wert ist unterhalb der Nachweisgrenze.

Mir ist die Problematik vollkommen bewusst, eine Frau, die Interesse an mir bekundet, oder auch tatsächlich an mir hat, mit einer solchen „Botschaft" zu überfallen. Und mir ist auch bewusst, dass Du vielleicht nicht damit umgehen kannst oder auch nicht damit umgehen willst. Cynthia, ich versichere Dir, hoch und heilig, ich akzeptiere ohne jeden Groll jede Entscheidung von Dir. Selbst wenn Du für Dich feststellst, Du willst damit nicht umgehen, können wir, wenn es sich so entwickelt, Freunde bleiben. Ich will und muss es Dir jetzt sagen, denn die Erotik hat für mich einen hohen Stellenwert. Sie ist mir wichtig und ich möchte sie mit einer Partnerin lustvoll, phantasievoll, aktiv und für BEIDE als unverzichtbar ausleben. Deshalb auch mein Implantat. Natürlich ist die reine Penetration nicht alles (so wird es in Betroffenenratgebern beschrieben), aber sie ist notwendig für das Gefühl der grenzenlosen Verbundenheit, für das gemeinsame Verschmelzen, auch wenn ich auf den „weiblichen Geschmack" einer Frau NIE verzichten könnte. Hier will ich mich nicht anpreisen, aber mit den Frauen, mit denen ich in der Zeit nach der Implantation Sex hatte, merkte keine Frau einen Unterschied, die Partnerzufriedenheit liegt international bei 96%. Aber ‚Frau' muss es akzeptieren können.

Du verzeihst mir meine direkte Offenheit, hier in diesem Brief, ich denke, sie ist notwendig, um Dir meine Gedanken so zu schreiben, wie sie mir durch den Kopf gehen. Denn mir ist in Bezug auf eine lustvolle und aktive Erotik auch die Offenheit der Sprache sehr, sehr wichtig. Ich möchte mit einer Partnerin nicht die weitverbreitete „Sprachlosigkeit in Schlafzimmern" praktizieren, vielmehr die gemeinsamen Wünsche und Bedürfnisse ausleben, so sie gemeinsam als lustvoll empfunden werden. Cynthia, denke gründlich darüber nach und ich bitte Dich, sage mir, oder schreibe mir Deine Gedanken, offen, unverblümt, ich bin stark genug und auch nicht blauäugig, Deine Entscheidung zu akzeptieren. Denn wir beide wissen, dass wir uns ja noch nicht einmal richtig kennen und wir uns erst noch kennenlernen müssten, mit oder ohne diese ‚Einschränkung'.

Liebe Grüße.

Am nächsten Tag rief mich Cynthia an und erzählte mir, wie sie sich fühlte, als sie meinen Brief las.

„Ich war fassungslos. Als ich den Brief las, war ich zunächst einfach nur geschockt. Geschockt von der Klarheit deiner Worte, von deiner Offenheit, von dem Selbstbewusstsein, das aus jedem Satz sprach. Und dann dieser Gedanke: Er, der vermeintliche „ONS", sollte er wirklich mehr von mir wollen? Meine Augen brannten, als sich Tränen ihren Weg über meine Wangen bahnten. Ich konnte kaum glauben, was ich da las. Die Worte verschwammen vor mir, als ob ich nicht wollte, dass sie sich in meinem Kopf festsetzten.

Ich legte den Brief auf den Wohnzimmertisch, meine Hände zitterten leicht, als ich ihn losließ. Ich schloss die

Augen und ließ die Stille um mich herum zu. Ich brauchte einfach einen Moment. Ich wollte meine Gedanken ausschalten. Diese Nachricht war zu viel, ich konnte sie nicht sofort verarbeiten. In meinem Kopf kreisten die Gedanken, aber sie fanden keinen Halt. Was wollte ich wirklich? Sollte ich weiter in diese Richtung gehen?

Der Schmerz in meinem Rücken meldete sich wieder, also griff ich nach der nächsten Schmerztablette und nippte an meinem Wein, hoffend, dass die Mischung mir etwas Klarheit bringen würde. Es dauerte nicht lange, bis ich auf der Couch in einen leichten Schlaf fiel. Die Gedanken an Dich und deinen Brief blieben bei mir. Als ich später aufwachte, fühlte es sich an, als schwebte der Brief noch immer über mir, als wäre er allgegenwärtig. Die Fragen kamen wieder: Wollte ich dich wiedersehen? Wie hatte ich die zwei Tage mit dir erlebt? Wird das wirklich nur ein ONS, oder war da mehr? Ich konnte nicht umhin, mich zu fragen, was es für mich bedeutete, mit dir weiterzumachen. Würde ich mit einem Mann, der an Prostatakrebs erkrankt war und Schwellkörperimplantate hatte, intim werden wollen? Es war eine Frage, die mich verunsicherte, die ich nicht sofort beantworten konnte.

Nach meiner Scheidung war ich in meinen Beziehungen oft enttäuscht worden, die letzten Versuche hatten sich entweder als unbefriedigend oder sogar schmerzhaft herausgestellt. Jetzt, nach so vielen gescheiterten Versuchen, sehnte ich mich nach einem Mann, der mir Halt gab, mit dem ich die Zukunft teilen konnte. Doch gleichzeitig wollte ich keine feste Bindung, keine Beziehung, die mich einengte. Ich wollte Sex, solange er mir Freude bereitete, und das ohne Verpflichtungen, ohne den Drang, alles zu vertiefen. Hattest Du wirklich etwas anderes im Kopf? Wusstest Du, was Du wolltest, oder suchtest Du auch einfach nur die unkomplizierte Seite des Lebens, so wie ich?

Der Gedanke, dass Du mehr von mir wolltest, verunsicherte mich. Nach nur wenigen Tagen war es schwer, wirklich abzuschätzen, was Du wolltest. Aber dann kam mir der Gedanke: Ist das nicht das ständige Dilemma in jeder Beziehung? Sie könnte enden. Ich hatte doch schon so viele Beziehungen, die schmerzvoll endeten. Und das beruhigte mich ein wenig. Vielleicht war es ja wirklich nur eine Phase, ein flüchtiger Moment.

Gegen Mitternacht, als die Gedanken sich langsam ein wenig beruhigten, setzte ich mich schließlich an meinen Laptop. Es war Zeit, dir zu antworten."

Am nächsten Tag erhielt ich eine Nachricht von Cynthia, die an Offenheit nichts zu wünschen übrigließ:

„Hallo lieber R.,

bevor ich jetzt ins Bett verschwinde, schreibe ich dir noch ein paar Zeilen. Es war heute ein sehr offenes und ehrliches Gespräch zwischen uns, eigentlich wie bisher immer. Dein Brief hat mich zunächst geschockt, ich finde es bewundernswert, wie du mit dem Thema deiner Krankheit umgehst, offen und gerade heraus. Mich persönlich trifft es, dass du so etwas durchmachen musstest, die Konsequenzen, die du mir heute schriftlich mitgegeben hast, sind mir egal. Dass du eine Pumpe hast, um eine Erektion zu bekommen, wo ist das Problem? Ohne meine zusätzlichen Finger könnte ich keinen Orgasmus bekommen, also nutze ich sie. Auch das ist ein Hilfsmittel. Wichtig ist, was spielt sich in deinem Hirn ab? Bist du scharf auf die Frau? Willst du diese Frau unbedingt sexuell besitzen? Weißt du nicht, was du denken sollst, um nicht zu sehr abzudriften? Versuchst du, an irgendetwas zu denken, um deinen Orgasmus hinauszuzögern? Denkst du Oh Gott, oh Gott, ich kann gar nicht mehr denken? Sind alle Fasern deines Körpers angespannt und bist du nur noch geil und siehst die Frau unter, über, neben und was weiß ich, die ebenfalls von Sinnen ist und keinen klaren Gedanken mehr spürt? Wenn das alles da ist, wenn deine Hormone verrücktspielen, wenn deine Gedanken heiß sind, wenn deine Sucht dir in den Augen steht, dann ist es ein guter und leidenschaftlicher Sex. Wenn dir die Frau, die du gern hast, ins Ohr flüstert, upps, ich hab da was vergessen anzuziehen und nun? Und du dich fast an deinem Kaffee verschluckst. Wenn die Frau, die du gern hast, während des Abendessens im Restaurant aus der Toilette kommt, dir ihren Slip schenkt und du kaum noch ein gescheites Wort heraus bekommst, wenn die Frau, die du magst, dir im Kino ins Ohr flüstert, dass sie gerade .... usw. usw. usw. usw. ...... Wenn dich das alles anmacht, was kann dann eine Frau nicht glücklich machen? Danke dem lieben Gott, dass es so schlaue Köpfe gibt, die diese tollen Dinge erfunden haben! Wie viele Männer haben Probleme, obwohl sie nie krank waren, und greifen zu Viagra? Ist doch prima, dass es das gibt. Solang die Lust in uns wohnt, dürfen wir auch auf Hilfsmittel zurückgreifen. Ich habe ein paar Probleme mit den Wechsel-

jahren. Ein kleines Hormonpflaster bügelt das wieder glatt und die ständigen Kopfschmerzen sind futsch. Prima, dass es das Pflaster gibt, wunderbar, gib es her. Und diese Pumpe ist nichts anderes, damit gibt es von meiner Seite absolut und überhaupt gar kein Problem. Ich verstehe dich, dass du das nicht ansprechen wolltest, aber damit hättest du mich weder verunsichert, vielleicht zunächst irritiert, egal. Ich hätte natürlich gefragt und mir das mal gerne angesehen, aber es hätte meinen Lustfaktor absolut nicht verändert. Es gibt so viele sexuelle Blödprobleme, wie z.B., ich kann es nur mit einer Frau tun, die mindestens ein EE-Körbchen hat, auch wenn man mit Silikon nachhelfen muss. Einer sagte mir mal (da war ich 18), ich hätte ja keinen „Arsch in der Hose" und zu wenig „Holz vor der Hütte", er bräuchte eine dralle dickbusige Frau, so richtig was zum Anfassen. OK, wo ist das Problem, soll er sie sich suchen. Geschmäcker sind so unendlich verschieden und Hilfsmittel so weit verbreitet. Das ist zwar ein nicht marktgängiges Beate-Uhse-Mittel, aber wenn es hilft, schönen Sex zu haben, ist es doch prima. Ob es ein Porno ist, der anmachen kann oder was auch immer, alles Hilfsmittel. Erinnerst du dich, dass ich dir die Geschichte erzählte des Reizwäschekatalogs? Oder an die SM-Szene? Was sollen die machen ohne Peitschen und Knebel? Oder eine Domina? Was kann die tun ohne Lackstiefel, Peitsche und Lederfummel? Oder eine Nutte? Was soll die tun ohne megakurzen Rock und Ausschnitt bis zum Bauchnabel? Das alles sind Hilfsmittel, gute und tolle Hilfsmittel.

Stell' dir vor, dein Mädel trägt einen Slip, der unter den Achseln kneift und einen BH mit Trägern breit wie eine

Zigarettenschachtel, alles im hübschen Beige, dazu Knie-
strümpfe aus Wolle und Jesuslatschen. Im Haar sind noch
Lockenwickler, vorne ist eine Zahnlücke zu sehen, in der
rechten Hand hält sie eine Kippe und links eine Tasse Kaffee
mit dickem roten Lippenstiftrand, der Rest ist verschmiert
um den Mund.

Stell dir vor, dein Mädel trägt einen Slip, der ganz
locker in deine Hemdtasche passen würde, kleine, süße
Schnüre, die ein schmales Dreieck halten, ein zarter BH,
durch den vorsichtig noch die Brustwarzen schwach zu
erkennen sind. Die Augen sind geschminkt, der Mund ist
rot, leicht geöffnet, weiße Zähne schauen hervor. Die Haare
sind ein wenig zerzaust, weil unruhige Hände immer
wieder hineinfahren. Die Beine stecken in Strümpfen mit
einer zarten Spitze als Abschluss, die Füße stecken in Schu-
hen mit silbernen Absätzen.

Wenn du jetzt sagst, Bingo, genau die Erste ist es, dann
weiß ich nicht weiter, dann muss ich hier leider kapitu-
lieren. Damit wären alle Unklarheiten geklärt, denke ich
mal. Was sich sonst so ergeben wird, bleibt abzuwarten. Ich
habe ein ganz anderes Problem und das ist meine Größe.

Und, hier nervt mich permanent eine blöde Stuben-
fliege, die unentwegt mit ihrem Leben spielt. Morgen bzw.
heute bin ich eingeladen und ab dem Nachmittag weg und
wohl auch erst spät wieder im Lande. Ich wünsche dir eine
gute Nacht, besser einen guten Moooorrrgggeeenn.

Hab einen schönen Tag, räume Deine Küchenschränke
ein, und genieße vielleicht ein paar gemütliche Stunden in
der Sonne.

Ganz liebe Grüße an Dich Cynthia"

Es war ein anstrengender Tag gewesen, und die Nächte zogen sich mittlerweile wie Kaugummi, erzählte sie mir in unserem kurzen Telefongespräch am Morgen.

„Seit Wochen konnte ich ohne Schlaftabletten nicht mehr durchschlafen, was mich zermürbte. So fiel ich, erschöpft, unter einem leisen Stöhnen ins Bett, leider stöhnte ich nicht vor Erschöpfung, sondern wegen der schmerzenden Glieder. Ich griff nach der Schlaftablette, in der Hoffnung, wenigstens ein paar Stunden Schlaf zu bekommen.

Am Morgen, obwohl ich mich mit der Schlaftablette in den Schlaf gequält hatte, war ich schon vor 07:00 Uhr wieder auf den Beinen. Das Bett konnte ich nicht mehr ertragen, ich konnte einfach nicht mehr liegen bleiben. Ich machte mir eine Tasse Kaffee, schaltete den Rechner ein und setzte mich mit meiner ersten Tasse Kaffee an den Bildschirm, um nach E-Mails zu sehen.

Es war 02:38 Uhr gewesen, als deine Antwort in meinem Posteingang landete. Offensichtlich hattest du zur gleichen Zeit an deinem Computer gesessen und mir sofort geantwortet, während meine Schlaftablette langsam begann, ihre Wirkung zu entfalten.“

Liebe Cynthia,

was für eine Frau Du bist! Was für ein Weib! Ich finde Dich nach dieser E-Mail ganz einfach großartig. Begehrenswert, Du machst einen Mann süchtig nach Liebe, damit meine ich die Körperliche aber noch mehr die Liebe der Seelen, der Verbundenheit, der Geborgenheit und unserer Emotionen. Ich habe gespürt, als Du auf dem Rückweg zum Auto auf Deinen Zehenspitzen gingst, wie Du unsere Größen abschätzte. Als Du mir von Deinen Schuhen erzähltest, toll, ich war begeistert, dass Du gerne hochhackige Schuhe trägst, gefällt mir, das einige Schuhe nur für das Bett geeignet sind, absolut geil. Dass Du mich dann doch wieder als zu ‚kleinen' Mann wahrnahmst, ja all das habe ich gespürt und gefühlt. Cynthia, was immer passiert, wie immer es sich auch weiterentwickeln wird, natürlich wissen wir es nicht und Du lässt es auch, vollkommen zurecht, in Deinem Brief offen.

Natürlich verstehe ich das.

Ich verstehe auch Dein „Problem" mit Deiner Größe, es ist ein in unserer Kultur eingeimpftes Selbstverständnis, der Mann ist größer, stärker, durchsetzungsfähiger, kämpferischer, aktiver, sportlicher. ......, ach was weiß ich, was ich noch aufzählen könnte. Cynthia, ich war noch nie mit einer Frau zusammen, die größer war als ich, aber mir ist das vollkommen egal, denn ich denke, davon ist die Zuneigung, die Anziehungskraft, die Empathie, ja auch der Reiz, die körperliche Begehrtheit, die Geilheit und das innere Bedürfnis diese Frau zu spüren, ihren Körper zu genießen, ihr Lust zu schenken, mit ihr einzuschlafen und mir ihr aufzuwachen, ihre Haut zu spüren, ihre Brüste zu streicheln, ihre Lippen zu suchen und ihre Zufriedenheit und ihre Liebe über meine Lippen in meinem Herzen zu spüren, nicht abhängig. Wir haben uns nur dreimal getroffen. Von diesen Begegnungen lässt sich weder ewige Liebe noch totale Übereinstimmung ableiten.

Hast Du mich als selbstbewussten Mann wahrgenommen? Wie würde ich reagieren, wenn ich ein Problem mit Deiner „Länge" hätte? Vielmehr haben mich Deine Beine erregt, hat meine männliche Begierde sich ausgemalt, wie schön es wäre, unsere Lust gemeinsam auszuleben. Deine Offenheit in Deinem Brief ist nur die Bestätigung meines Gefühls, das wir sehr nahe beieinander sind, wie nahe wird sich zeigen, Cynthia, auch wenn Du es jetzt als unangebracht, pathetisch oder gar übertrieben empfindest. Ich könnte mir, obwohl ich Dich nur wenige Tage kenne, vorstellen, Dich auf Händen tragen zu wollen, auch wenn Deine langen Beine weit herausragen würden. Was machen wir jetzt? Treffen wir eine Entscheidung nach den üblichen Normen, nach einem konventionellen Empfinden?

Cynthia, Du bist mir in den wenigen Stunden zu sehr ans Herz gewachsen, als dass ich bei meinen Gedanken an Dich schon aufgeben möchte, es sei denn, Du sagst es mir so.

Ich würde Dich sehr gerne weiter erfahren wollen, Dich spüren und Dich schmecken, riechen, fühlen, Dich heiß, lüstern, hemmungslos, ….aber auch sehr tief verbunden erleben.

Habe ich eine Chance?

Cynthia, bitte verstehe mich nicht falsch, einseitig, es ist nicht nur der körperliche Reiz, es bist DU!

Schlafe gut, ich gehe jetzt auch ins Bett.

R.

Was passierte hier eigentlich? Lief hier irgendetwas quer, was ich weder wollte, noch brauchte, oder lief hier etwas ganz anders, wie ich es nicht wollte, aber bräuchte?

Mir fielen die dummen Sprüche ein, die wir alle gelegentlich hören: „Der Mensch denkt, Gott lenkt" oder „Manchmal kommt es anders als man denkt." Aber neben den Hormonen lenkte da irgendwer noch ihre Schmerzrezeptoren, vermutlich die geheimen Kräfte der Pharmaindustrie, deren Produkte sie massenweise schluckte, Hauptsache, es stand „Gegen starke Schmerzen" auf dem Beipackzettel.

Nachtgedanken

Als Cynthia mich zu einem Abendessen bei ihr einlud, spürte ich schon, dass dies kein gewöhnlicher Abend werden würde. Es war ein Schritt, der unsere bisherige Bekanntschaft auf eine neue Ebene brachte, und ich war neugierig, was uns erwarten würde. Ich bereitete mich sorgfältig vor, schließlich wollte ich einen guten Eindruck hinterlassen. Drei rote Rosen hatte ich für sie dabei, ein Symbol für die Hoffnung auf einen schönen Abend, oder vielleicht mehr als nur einen Abend.

Als ich an ihrer Tür klingelte, öffnete Cynthia mit einem Lächeln, das ihre gute Laune trotz ihrer ständigen Rückenbeschwerden durchscheinen ließ. Sie begrüßte mich herzlich, und obwohl sie es gut verbarg, konnte ich sehen, dass ihr Kreuz sie quälte. Trotzdem schien sie entschlossen, diesen Abend zu genießen. Ich bewunderte ihre Stärke und ließ es mir nicht anmerken, dass ich es spürte.

Ihr Zuhause war gemütlich, liebevoll eingerichtet, und ich fühlte mich sofort wohl. Sie hatte das Abendessen bereits vorbereitet, sodass es nur noch serviert werden musste. Die drei Rosen stellte sie in eine Vase, die sie auf den Tisch platzierte, während sie mich bat, den Wein zu öffnen. Es war eine kleine, vertraute Szene, die mich unweigerlich an romantische Filme erinnerte.

Wir setzten uns, prosteten uns zu, und sie sagte

mit einem Lächeln: *„Auf einen schönen Abend."* Ich erwiderte ihren Toast, und unsere Gläser klangen sanft zusammen.

Das Gespräch floss wie immer leicht und angenehm. Cynthia hatte eine Art, die Dinge humorvoll und gleichzeitig tiefgründig zu betrachten, die mich faszinierte. Sie schaffte es, den Schmerz, den sie offenbar empfand, zu überspielen, und wir lachten sogar über ein paar ihrer charmanten Anekdoten. Sie war witzig, schlagfertig und auf eine unaufdringliche Weise verführerisch.

Nach dem Essen räumten wir gemeinsam ab. Diese kleinen alltäglichen Handgriffe zusammen – Geschirr in die Spülmaschine stellen, den Tisch sauber machen, schufen eine seltsame Intimität. Ich fühlte mich ihr noch näher als bisher.

Als wir ins Wohnzimmer gingen, stellte ich mein Glas auf den Tisch und sah sie an. Es war ein kurzer Moment, aber ich wusste, ich musste die Initiative ergreifen. Ich nahm ihre Hand, noch bevor sie sich setzte, zog sie sanft zu mir und legte meine Arme um sie. Unsere Blicke trafen sich, und ich neigte mich zu ihr, suchte mit meinen Lippen ihre. Es war ein vorsichtiger, zärtlicher Kuss, aber es reichte, um etwas in mir auszulösen.

Sie ließ es zu, öffnete ihre Lippen, und ich spürte, wie sie sich mir hingab. In diesem Moment war alles andere unwichtig. Es gab nur Cynthia, ihre Wärme und den Zauber dieses Augenblicks.

Als wir uns setzten, blieb ich nah bei ihr, unser

Gespräch wurde leiser, die Pausen länger. Ich spürte ihre Nähe, sah, wie ihre Augen auf mir ruhten, und schließlich küssten wir uns erneut. Diesmal war es intensiver, und langsam sank sie nach hinten auf die Couch. Ich folgte ihr, ließ mich von ihr führen.

Doch irgendwann hielt sie inne. Sie richtete sich vorsichtig auf, griff meine Hand und zog mich lächelnd hoch. „Komm", sagte sie leise, ihre Augen funkelten. Sie führte mich zu ihrem Schlafzimmer, ihrem „Prinzessinnenzimmer", wie sie es nannte.

Es war ein magischer Moment, der Anfang von etwas, das ich an diesem Abend nur erahnen konnte. Alles, was ich wusste, war, dass ich diesen Abend niemals vergessen würde.

Nach unserem gemeinsamen Frühstück fuhr ich kurz nach Hause, um ein paar Dinge zu erledigen. Für den Nachmittag hatten wir uns bereits wieder verabredet. Als ich später bei ihr klingelte, öffnete sie die Tür, und ich stand mit einem Strauß roter Rosen vor ihr. Ihr Gesichtsausdruck sagte alles, überrascht, gerührt, und vielleicht ein wenig ungläubig. Wann hatte sie das letzte Mal Rosen bekommen? Es schien eine Ewigkeit her zu sein. Ich wusste, dass ich ihr damit eine Freude machen würde, aber das Funkeln in ihren Augen war mehr als nur Freude. Ich spürte das Begehren, das zwischen uns loderte.

„Fahren wir ein bisschen raus... irgendwohin, wo es schön ist?" schlug ich vor. *„Du weißt, ich darf mich nirgendwo sehen lassen, ich bin krankgeschrieben"*, entgegnete sie zögernd. Dann lass uns doch einfach weiter wegfahren? *„Okay"*, meinte sie nach kurzem Nachdenken. *„Wohin?"* Wie wäre es mit Domburg? Dort ist die Wahrscheinlichkeit gering, dass dir Kollegen über den Weg laufen, und wir können einen schönen Tag zusammen verbringen. *„Oh ja, sehr gerne!"* Ihre Stimme klang begeistert, und wir freuten uns auf den gemeinsamen Ausflug.

Kurz darauf kam sie die Treppe herunter, und ich war sprachlos. Sie trug einen superkurzen schwarzen Rock, eine schwarze Spitzenbluse, halterlose Strümpfe und High Heels, trotz ihrer Rückenprobleme. *„Ich kann doch nicht in flachen Tretern wie eine Aldi-Verkäuferin rumlaufen",* meinte sie später lachend. Ihre Dessous blieben zwar verborgen, aber ich wusste, dass sie perfekt zum Rest passten. Sie sah umwerfend aus, eine wahre Augenweide, und ich konnte meinen Blick kaum abwenden.

In Domburg angekommen, schlenderten wir durch die Altstadt, besichtigten den Dom und ließen uns von der Sonne in einem kleinen Gartenrestaurant verwöhnen. Es gefiel mir, wie die Leute, vor allem Männer, uns musterten. Ihr selbstbewusstes Auftreten und ihr Stil zogen die fremden Blicke magisch an, aber sie war ganz bei mir. Ich trug eine schwarze Hose und ein weißes Hemd, weil ich inzwischen wusste, dass ihr diese Kombination gefiel. Ihr Kompliment, dass die Farben gut zu meiner Figur und meinem „Knackarsch" passten, hatte sie mir schon ein paarmal gesagt, und ich trug sie nur allzu gerne, für sie.

Während unseres Spaziergangs durch die Stadt zog ich meine Kamera hervor. Ich liebte es, sie zu fotografieren, und sie wusste, wie sie sich vor der Linse in Szene setzen konnte. Manchmal zog sie ihren Rock ein wenig höher, gerade so, dass der Spitzenrand ihrer halterlosen Strümpfe sichtbar wurde. Die Fotos, die dabei entstanden, waren atemberaubend, sinnlich, verspielt und unglaublich ästhetisch. Schon kurz nach unserer Rückkehr zu ihr landeten die schönsten Aufnahmen als neue Bildschirmschoner auf unseren Laptops. Sie liebte es, von mir fotografiert zu werden, und ich genoss es, diese Momente festzuhalten.

Die erste Zeit unserer Beziehung bestand aus vielen Ausflügen, stundenlangen Fotosessions, „viel Lust" und, leider, auch häufige Arztbesuche. Ihre Beschwerden wurden von Woche zu Woche schlimmer. Es gab zwar Tage, an denen sie mit nur zwei oder drei Schmerztabletten auskam und hoffte, dass es endlich bergauf ging, aber diese Phasen waren selten. Trotz allem bewahrte sie ihre Lebensfreude und ihren Humor, und ich bewunderte sie dafür.

An diesem Tag in Domburg war die Welt jedoch in Ordnung. Es war einer dieser Tage, die man in der Erinnerung festhält, voller Nähe, Leichtigkeit und dieser knisternden Spannung, die uns beide von Anfang an verbunden hatte.

Nach vier Wochen, in denen wir fast jeden Tag und jede Nacht zusammen verbracht hatten, sprach ich sie eines Morgens direkt an. So geht es mit deinem Rücken nicht weiter! Du musst dir einen neuen Termin beim Orthopäden geben lassen. Schatz, du redest dir ein, es würde besser werden, nur weil es einzelne Tage mit weniger Schmerzen gibt, aber du bist nicht arbeitsfähig, und es gibt keinen echten Trend zur Besserung.

Sie sah mich einen Moment an, dann nickte sie langsam. Ich hatte Recht, und das wusste sie. Sie rief bei ihrem Orthopäden an. Aber was hörte sie? „Ich kann Ihnen einen Termin in drei Wochen geben." Drei Wochen! Noch drei weitere Wochen mit diesen Schmerzen, das klang wie eine Ewigkeit. Ich sah, wie sie das Telefon zurücklegte, und erkannte an ihrem Blick, dass sie am liebsten resigniert hätte.

In den letzten Wochen hatte sie bereits vier Infiltrationsbehandlungen über sich ergehen lassen, diese schmerzhaften Injektionen direkt an die Nervenwurzel, um die Schmerzen zu lindern. Es war die gleiche Prozedur, die sie schon an dem folgenden Tag bekommen hatte, an dem wir uns kennengelernt hatten. Doch statt besser zu werden, wurde es mit jeder Behandlung schlimmer. Ohne meine Unterstützung hätte sie weder stehen noch allein gehen können, geschweige denn Auto fahren.

Nach der zweiten Behandlung hatte ich beschlossen, dass sie nicht allein nach Hause fahren sollte. Also brachte ich sie direkt zu mir, mein Zuhause lag nur drei Kilometer vom Krankenhaus entfernt. Das wurde dann zur Routine: Ich wartete, bis sie aus der

Behandlung kam, brachte sie zu meinem Auto, half ihr, einzusteigen, und fuhr sie zu mir. Dort führte ich sie vorsichtig die Treppe hoch in mein Schlafzimmer, weil sie nach jeder Injektion kaum noch gehen konnte. Sie legte sich sofort flach auf mein Bett, und ich blieb bei ihr, auch wenn sie anfangs oft nur still dalag, die Augen geschlossen und das Gesicht schmerzverzerrt. Manchmal war ihr so schlecht, dass sie dachte, sie müsste sich übergeben. Diese erste Stunde nach der Behandlung war immer die schlimmste.

Aber danach wurde es langsam besser, wenn die Schmerzmittel zu wirken begannen. Ich brachte uns zwei große Tassen Kaffee ans Bett, setzte mich zu ihr, und wir redeten. Es waren diese Momente, in denen ich sie für ihre Stärke bewunderte. Trotz der Schmerzen und der Verzweiflung schaffte sie es, zu lächeln und mit mir über alles Mögliche zu sprechen.

An diesem Nachmittag beugte sie sich plötzlich zu mir und flüsterte mir etwas ins Ohr, das ich nicht schnell vergessen werde…

„Mir geht es wieder ganz gut." Es war ein Signal, denn es dauerte nicht mehr lange und wir küssten uns leidenschaftlich …

Schmerzen

Ende Juli ging es ihr gesundheitlich immer schlechter. Sie wartete immer noch auf ihren Termin beim Orthopäden, hoffte darauf, dass endlich etwas passieren würde. Aber wenn sie bei einem Facharzt anrief, hieß es immer nur: Wochenlange Wartezeit. Ich konnte das nicht länger mitansehen. Also griff ich eines Morgens selbst zum Telefon, rief meine orthopädische Praxis an, in der ich schon öfter in Behandlung war, und bat um einen Termin.

„Können Sie in einer Stunde hier sein?" fragte die Sprechstundenhilfe. Nein, das schaffe ich leider nicht. Wie wäre es morgen früh um 09:00 Uhr? „Ja, das geht." Und gleichzeitig brauche ich einen Termin für meine Partnerin. Wir kommen zusammen. „Wie heißt sie?" Cynthia … „Wie ist sie versichert?" Gesetzlich. Und ich fügte hinzu: Uns gibt es nur im Doppelpack. Die Sprechstundenhilfe zögerte kurz, sagte dann: „OK, beide morgen um 09:00 Uhr."

Privatpatienten haben eben andere Möglichkeiten, dachte ich mir. Am nächsten Morgen waren wir pünktlich in der Praxis, und ich bestand darauf, dass ich zuerst ins Behandlungszimmer durfte. Das war nicht nur Taktik, ich hatte tatsächlich selbst ganz leichte Rückenbeschwerden an L4/L5, das war ein altes Leiden bei mir. Normalerweise wäre ich deshalb nicht bei meinem Orthopäden vorstellig geworden. Der Arzt begrüßte uns freundlich, untersuchte mich zuerst, und ich bekam Cortisontabletten verschrieben. Ich nahm das alles gelassen hin, würde die Verschreibung aber nicht in Anspruch nehmen. Dann war sie an der Reihe. Sie hatte ihre Vorbefunde mitgebracht, und der Arzt bestätigte den Verdacht auf einen Hexenschuss. Er verschrieb ihr Schmerztabletten, das Übliche eben.

Ich merkte sofort, dass sie enttäuscht war. Also fragte ich den Arzt direkt: Sagen Sie mal, sind bei der gleichen Diagnose nicht auch die gleichen Medikamente angebracht? *„Sie könnte ja durchaus einmal von Ihren Tabletten probieren, um zu sehen, ob sie wirken"*, meinte der Arzt. „Aha", antwortete ich. Dann könnten Sie mir als Privatpatient doch einfach eine doppelte Menge verschreiben, oder? Er zögerte, nickte dann und sagte: *„OK, meine Sprechstundenhilfe macht Ihnen ein neues Rezept fertig."*

So funktionierte das also. Von da an übernahm ich das Ruder: Ich machte meine eigenen Arzttermine, ließ mich auf die gleiche Diagnose behandeln und nahm sie einfach mit. So partizipierte sie von meiner Behandlung. Anders hätten wir wahrscheinlich noch Monate gewartet.

Doch so sehr wir uns auch bemühten, ihre Schmerzen wurden nicht weniger. Nur in einer Hinsicht gab es eine Linderung, zumindest vorübergehend. Wenn wir gemeinsam im Bett lagen, wenn wir uns vollkommen liebten, wenn wir uns in Fantasien verloren, dann schien sie ihre Schmerzen zu vergessen.

Ich merkte, dass sie mich brauchte, nicht nur

wegen der Schmerzen, sondern auch, weil ich ihr eine neue Welt gezeigt hatte. Und irgendwann wurde mir klar, dass ich sie genauso brauchte. Sie war längst mehr als nur eine kurze Bekanntschaft. Sie gehörte zu meinem Leben, zu meinem Alltag, zu meiner Lust.

An den Wochenenden machten wir es uns zur Gewohnheit, in kleine, charmante Städte zu fahren, mindestens 100 Kilometer von ihrem Wohnort entfernt. Es war Sommer, die Sonne schien fast immer, und wir genossen diese Tage. Sie trug wieder ihre kurzen Röcke, im Sommer keine Strümpfe, ihre heißesten Tangas und High Heels, immer High Heels. Sie hatte mindestens 160 Paar davon in ihrem „Schuhkeller", und jedes Mal, wenn sie welche trug, fühlte sie sich wieder wie eine Frau, stark und begehrenswert.

Diese Ausflüge waren ihre Möglichkeit, dem Alltag zu entfliehen. Unter der Woche musste sie sich für die Arztbesuche zurückhaltend kleiden, so, wie man sich eben kleidet, wenn man krankgeschrieben ist, sollte sie zufällig einem Kollegen oder Vorgesetzten begegnen. Aber am Wochenende, da war sie frei. Und ich liebte es, wie sie dann strahlte.

Es waren diese besinnlichen Momente, die uns verbanden, Momente, in denen wir beide wussten, dass wir mehr teilten als nur ein paar leidenschaftliche Nächte. Überall, wo wir waren, entstanden erotische Fotos, an Telefonzellen, am Straßenrand, in stillen Wäldern oder auf Brücken. Egal, wo wir waren,

Cynthia verwandelte sich vor meiner Kamera in eine Muse, in eine Frau, die wusste, wie sie mich in ihren Bann ziehen konnte. Es war, als hätte sie geahnt, welche Bilder ich im Kopf hatte, bevor ich überhaupt die Kamera herausholte.

Und dann passierte etwas, was wir beide vielleicht nicht sofort bemerkten. Diese Momente, diese gemeinsamen Tage, begannen, uns beide zu verändern. Cynthia, die mich ursprünglich nur als eine vorübergehende Begleitung in ihr Leben eingeplant hatte, ließ mich immer mehr ein Teil ihres Alltags werden. Es war nicht geplant, es geschah ganz von alleine.

Ich brachte ihr jede Woche Rosen mit, anfangs eine frische Rose pro Woche, später ganze Sträuße. Ihr Tisch war nie ohne Blumen, und ich genoss es, ihr diesen kleinen Luxus zu schenken. Und dann, ganz allmählich, begann ich, ihr Leben mehr und mehr zu teilen. Ihre Kinder lernten mich kennen, und besonders ihre Tochter mochte mich auf Anhieb. Ich spürte, wie viel mir auch ihre Zuneigung bedeutete, und ich gab ihr das Gefühl, dass sie mir ebenso wichtig war wie meine eigenen Kinder.

Einmal fuhren wir zu ihrer Mutter, die etwa 300 Kilometer entfernt wohnte. Ich spürte sofort, dass ihre Mutter viel miterlebt hatte, dass sie all die Dramen aus Cynthias Vergangenheit, Ehe, Beziehungen und Affären kannte. Die Tränen in ihren Augen verrieten alles, als ich ihr sagte: „Machen Sie sich keine Sorgen mehr. Ich passe auf Ihre Tochter auf. Ich werde dafür sorgen, dass es ihr gut geht. Ich verspreche es Ihnen."

Ich sah, wie viel ihr diese Worte bedeuteten. Sie hatte Cynthia in schweren Zeiten begleitet, sie hatte ihre Schmerzen und ihren Kummer mitgefühlt, wenn ein Partner sie nicht gut behandelt hatte. Sie wusste, wie sehr Cynthia gelitten hatte. Aber sie spürte auch, dass ich anders war. Und ich wusste, dass ich dieses Versprechen halten wollte, nicht aus Pflicht, sondern weil es mir wichtig war.

Von Anfang an waren unsere Tage und Nächte miteinander verwoben. Mal waren wir in ihrem Haus, mal bei mir, und egal, wie sehr ihr Rücken sie quälte, wir fanden immer einen Weg, Nähe zu schaffen. Es gab Tage, die voller Arzttermine und Physiotherapie waren, und es gab Tage, die nur uns gehörten.

Einer dieser besonderen Tage begann mit einer simplen Entscheidung: Sie wollte sich für mich aufbrezeln. An diesem Donnerstag hatte sie morgens noch einen Arzttermin, um neue Schmerztabletten und Hormonpflaster zu besorgen, doch den Rest des Tages widmete sie allein uns. Sie beschrieb mir später, wie sie sich vorbereitete: *„Ich entfernte jedes Fläumchen südlich meiner Augenbrauen, bis mein Körper spiegelglatt war. Glatter geht es nicht."* Ihre Worte brachten mich jedes Mal zum Lächeln.

An diesem Nachmittag zog sie all ihre Register. Sie trug eine schwarze Büstenhebe, einen knallroten, kurzen Rock, so kurz, dass er kaum noch als Rock durchging, halterlose Strümpfe mit einem schwarzen Strapsgürtel, High Heels und eine transparente weiße Bluse. *„Ich sehe aus wie die Sünde pur,"* sagte sie mir später lachend.

Ihre Brüste, von der Büstenhebe gehoben, quollen über, ihre Brustwarzen zeichneten sich durch die Bluse ab, und sie wusste genau, welchen Effekt das auf mich haben würde. Den letzten Hauch verführerischer Eleganz verlieh ihr ein Spritzer ihres Lieblingsparfums „Gaultier Classique", und dann machte sie sich auf den Weg zu mir.

Sie parkte direkt vor meiner Haustür und klingelte, obwohl sie längst einen Schlüssel hatte. Vielleicht wollte sie diesen Moment noch spannender machen. Als ich die Tür öffnete, stand sie vor mir, dieser Anblick. Ihr kurzes Röckchen, die transparent weiße Bluse, ihre glatten Beine in den schwarzen Strümpfen. Alles an ihr schrie nach Verführung. Und sie wusste genau, was sie tat. Eine Frau mit 58 Jahren.

Ich musste nicht einmal etwas sagen. Mein Blick sagte alles, und ihre Augen verrieten mir, dass sie genau das erreichen wollte. In diesem Moment fühlte sie sich angekommen, angenommen in ihrer ganzen sinnlichen, verführerischen Art.

Sie lächelte mich an, trat einen Schritt näher, und ich wusste, dass dieser Tag – dieser Moment – unvergesslich werden würde. Und nein, sie trug keinen Slip. Aber das musste sie mir gar nicht sagen, es war Teil ihrer subtilen und doch so offensichtlichen Einladung, sich ganz aufeinander einzulassen.

Es war ein Abend wie so oft, die wir in den letzten Monaten miteinander geteilt hatten. Ich hatte gekocht, wie immer, wenn wir bei mir waren. Doch mit Cynthia war das nie ganz einfach. Ich liebte aufwendige, exotische Gerichte, spielte gerne mit Gewürzen und Aromen, während sie lieber bodenständige Gerichte bevorzugte – *„was der Bauer nicht kennt"*, sagte sie oft lachend. Ihre kulinarischen Wünsche passten wirklich auf den berühmten „Bierdeckel". Trotzdem machte ich es mir jedes Mal zur Aufgabe, etwas Besonderes für sie zu zaubern.

Das Essen war angerichtet. Kerzen brannten auf dem Tisch, das Licht war gedämpft, und im Hintergrund lief leise Kuschelmusik. Wir liebten diese Atmosphäre, die Vertrautheit, die wir uns geschaffen hatten. Sie fühlte sich auch sichtlich wohl, kein Wunder, schließlich hatte sie mir Tipps gegeben, meine Wohnung neu zu gestalten. Möbel, Dekorationen, sogar die Details in meiner Küche und mein orientalisch inspiriertes Schlafzimmer hatte sie mit Hinweisen bereichert. Einiges trug dann ihre Handschrift, und das machte es für mich noch wertvoller.

Wir begannen den Abend mit einem Glas Rotwein. Ich hob mein Glas, schaute ihr in die Augen und sagte: Auf uns! Sie lächelte, ihr Blick war warm, fast verlegen, und wir stießen an. Nach dem Essen räumten wir gemeinsam ab, wie wir es immer taten. Doch diesmal spürte ich, dass etwas anders war. Sie nahm meine Hand, ihre Finger umschlossen meine, und ohne ein Wort zog sie mich die Treppe hinauf ins

Schlafzimmer. Es war kein Wort nötig.

Erschöpft schliefen wir irgendwann nebeneinander ein, zufrieden und glücklich über jede Minute, die wir miteinander verbrachten. Und es war wirklich viel Zeit, Cynthia war ja immer noch im Krankenstand, und ein Ende schien nicht in Sicht. Doch trotz der Nähe und der gemeinsamen Stunden konnte ich ihre Beschwerden nicht länger mit ansehen.

Wieder einmal waren wir bei meinem Orthopäden, weil ich einfach schneller Termine für sie bekam. Dieses Mal sprach ich ungewöhnlich deutlich mit dem Arzt, fast fordernd. Es kann doch so nicht weitergehen, sagte ich und schaute Dr. Z. direkt in die Augen. Er hob die Augenbrauen, überrascht von meinem Ton. Bitte überweisen Sie meine Partnerin in ein Krankenhaus. Sie bedarf meines Erachtens einer intensiven, stationären Therapie.

Zu meiner Überraschung widersprach der Arzt nicht. Vielleicht, weil ich meine Worte so bestimmt gewählt hatte, vielleicht, weil er selbst einsah, dass ihre Beschwerden längst nicht mehr ambulant behandelt werden konnten. Er empfahl zwei Kliniken, die er aufgrund ihrer physiotherapeutischen Abteilungen favorisierte.

Zu Hause begann ich sofort, mögliche Termine abzusprechen. Ich wollte keine Zeit verlieren. Schon vier Tage später sollte Cynthia sich bis 10:00 Uhr vormittags zur Aufnahme melden. Als ich ihr davon erzählte, sah ich, wie ihre Nerven blank lagen. Sie wollte nicht ins Krankenhaus, das war offensichtlich.

Aber sie wusste auch, dass ich diesmal wieder recht hatte. Ihre Beschwerden wurden immer heftiger, die Pausen mit erträglichen Schmerzen immer kürzer, auch wenn sie es nicht zugeben wollte.

Die vier Tage, die uns noch blieben, nutzten wir intensiv. Wir verbrachten gemütliche Stunden am Tag, genossen die Sonne, kochten zusammen, und in den Nächten lebten wir unsere Leidenschaft aus. Ihre ursprüngliche Absicht, dass unsere Beziehung nur eine vorübergehende Affäre sein sollte, war längst vergessen. Jetzt war es unsere Lust, unsere Fürsorge füreinander, die alles bestimmte.

Einen Tag vor ihrer Aufnahme ins Krankenhaus war das Wetter wunderschön. Die Sonne schien, der Himmel war klar, und wir beschlossen, noch einmal hinauszufahren. Cynthia zog eines ihrer hautengen, schwarzen Kleider an, die ihre Figur perfekt betonten, dazu schwarze High Heels. Ich wusste, dass sie mit ihren Beschwerden eigentlich flache Schuhe hätte tragen müssen, aber das war nicht ihre Art. Sie wollte keine flachen Schuhe tragen und da konnte ich nicht dagegen argumentieren. Sie strahlte in ihren High Heels eine solche Eleganz und Stärke aus, dass ich es inzwischen genauso liebte wie sie.

Wir fuhren in meine Kreisstadt, wo sich ein altes Kloster befindet. Schon auf dem Weg dorthin hatte ich meine Kamera griffbereit. Das Kloster bot die perfekte Kulisse für ein paar besondere Aufnahmen. Auf einer alten Kirchenmauer posierte sie, das schwarze Kleid umspielte ihre Silhouette, und ihre Mähne wehte im

Wind. Ich konnte kaum glauben, wie wild und ero-tisch sie aussah. „Du siehst aus wie Tina Turner", sagte ich lächelnd. „Wild, erotisch, wie ein Vamp."

Wir mussten beide lachen, als wir uns vorstellten, was ihre Kollegen oder die Ärzte, die sie ab dem nächsten Tag behandeln würden, wohl denken würden, wenn sie diese Fotos sähen. Sie hätten wahr-scheinlich geglaubt, sie würde simulieren, nur um sich frühverrenten zu lassen. Aber das war weit von der Wahrheit entfernt. Ihre Rückenbeschwerden waren permanent vorhanden, das wusste ich genau. Und trotzdem konnte sie nicht auf ihre High Heels verzichten – nicht einmal auf einem Kopfsteinpflaster.

Cynthia und ich genossen diesen Tag, als wäre er ein Abschied von einer unbeschwerten Zeit. Die Fotos, die ich von ihr machte, waren wild, leiden-schaftlich und so voller Leben. Ich wusste, ich würde sie immer wieder ansehen, während sie im Kranken-haus sein würde. Für mich war sie nicht nur meine Partnerin, sie war mein Model, meine Muse, meine Frau. Und an diesem Tag zeigte sie mir einmal mehr, warum ich sie so sehr liebte.

Die Lösung

Nun lag sie in diesem Krankenzimmer, und der Alltag dort zog sich zäh hin. Stundenlang war sie allein, und die Zeit vertrieb sie sich mit Fernsehen, Musik hören und E-Mails schreiben. Ihre Rückenbeschwerden hatten sich so verschlimmert, dass die Ärzte schließlich eine Operation empfohlen hatten. Doch niemand konnte garantieren, dass der Eingriff wirklich den erhofften Erfolg bringen würde. Der Gedanke an diese Ungewissheit nagte an ihr, und ich konnte spüren, wie sehr sie innerlich mit sich kämpfte, auch wenn sie es nicht immer zeigte.

Ich besuchte sie jeden Tag. Nach der Arbeit fuhr ich direkt zur Klinik, und oft blieb ich bis kurz vor 22:00 Uhr, bis die Nachtschwester kam, um ihre Runde zu machen, und mich nach Hause schickte. Meistens lag sie allein auf dem Zimmer, was uns zumindest ein wenig Privatsphäre gab. Am frühen Abend, bevor es dunkel wurde, gingen wir oft noch einmal um die Klinik spazieren. Es war ihr Moment, ein kleines Stück Freiheit zurückzugewinnen, auch wenn ihre Bewegungen schmerzhaft und langsam waren.

Doch die Zeit auf ihrem Bett, diese gemeinsamen Stunden, waren für uns beide die Flucht aus dieser tristen Realität. Der Fernseher lief leise im Hintergrund, und wir lagen nebeneinander, so nah, wie es die Umstände zuließen. Manchmal hielten wir uns einfach nur fest, manchmal ließen wir die Leidenschaft kurz aufleben, ein kurzer Kuss, eine Berührung, die uns beide daran erinnerte, warum wir uns so sehr brauchten.

Einmal wäre es beinahe schiefgegangen. Wir waren vertieft in unsere Nähe, als die Stationsschwester unverhofft ins Krankenzimmer kam. Mein Rücken zeigte in Richtung Tür, und Cynthia lag ganz still. Ich spürte, wie ihr Atem stockte. Doch ich hielt inne, drehte mich nicht, und die Schwester schien nichts zu bemerken. Sie fragte kurz nach ihrem Befinden und verschwand wieder. Als die Tür hinter ihr ins Schloss fiel, sah ich Cynthia an. Ihr Gesicht war rot, und sie lächelte verschmitzt. „Das war knapp," flüsterte sie.

Am zehnten Tag ihres Aufenthalts schrieb ich ihr einen Brief. Ich hatte die Worte lange in meinem Kopf formuliert, denn ich wusste, dass sie in diesem Moment etwas brauchte, das über unsere täglichen Gespräche hinausging. Ich wollte ihr zeigen, wie viel sie mir bedeutete, wie sehr ich an ihrer Seite war, selbst in dieser schwierigen Zeit. Bevor ich an diesem Abend ging, legte ich den Brief still auf ihren Nachttisch, ohne ihn zu erwähnen.

Als sie ihn später las, schrieb sie mir am nächsten Morgen, der Brief habe ihre Seele berührt wie nie zuvor die Worte eines Mannes. Sie schrieb, sie habe geweint, aber nicht vor Trauer, sondern weil sie sich geliebt, verstanden und sicher fühlte, ein Gefühl, das sie lange nicht mehr gekannt hatte.

Am nächsten Tag fand ich einen Brief auf meinem

Platz, als ich sie besuchte. Es war ihr erster Brief, an mich, keine E-Mail, ein Brief, den sie mit ihrer Hand geschrieben hatte, mitten in der Nacht, während sie vor Schmerzen nicht schlafen konnte.

Ihre Worte berührten mich tief. Sie schrieb mit einer Ehrlichkeit und einer Leidenschaft, die mich aufwühlte. Sie erzählte von ihrer Angst vor der Operation, von der Unsicherheit, ob sie jemals wieder ohne Schmerzen leben würde. Aber sie schrieb auch von uns, von unserer Nähe, die sie durch diese schwierige Zeit trug, von dem, was sie fühlte, wenn wir zusammen waren.

„Du bist mein Halt," schrieb sie, *„mein Anker, wenn die Schmerzen zu groß werden. Mit dir kann ich selbst hier im Krankenhaus lachen und träumen, wenn auch nur für ein paar Minuten. Ich liebe dich für deine Geduld, für dein Lächeln, für die Wärme in deinen Augen, wenn du mich ansiehst. Egal, wie die Operation ausgeht, ich will, dass du weißt, dass du der Mann bist, bei dem ich mich ganz und gar zu Hause fühle."*

Ich las den Brief immer und immer wieder. Es war, als ob jede Zeile stärker zu mir sprach als die vorherige. In diesem Moment war ich mir sicher, dass ich nicht nur in ihrem Leben war, um sie zu unterstützen. Ich war in ihrem Leben, weil wir einander gefunden hatten, in einer Weise, die weit über die Umstände hinausging.

Dieser Brief bedeutete mehr als nur Worte auf Papier. Es war ein Versprechen, ein Zeichen ihrer Stärke und ihrer Liebe. Und ich wusste, dass ich alles tun würde, um sie in den kommenden Wochen und Monaten zu unterstützen, egal wie schwer es werden würde.

„Mein liebster, mein allerliebster Schatz!

Danke für deinen wunderbaren Brief. Deine Worte haben mich sehr berührt. Und so, wie ich gestern aus Traurigkeit und Frust geweint habe, so liefen mir vor Freude und Glück die Tränen. Wie liebevoll du bist, wie einfühlsam, wie zärtlich, wie sehr du meine Gefühle erkennst, das alles ist kaum zu begreifen. Deine Art mit mir zu reden, deine Art mich zu halten, deine Art mich zu küssen, deine Art mir Deine Liebe zu zeigen, das alles sind so wunderbare Geschenke, dass ich es alles gar nicht fassen, gar nicht begreifen kann. Du bist klug, einfühlsam, hocherotisch für mich und mir trotz der Kürze der Zeit so sehr vertraut. Ich könnte mein Innerstes nach außen krempeln und du würdest überall etwas von dir darin finden.

In meinem Kopf bist du ständig präsent, mein Herz ist riesengroß und saugt dich auf.

Neue Dinge sind auf einmal da. Es gibt Akzeptanz, Respekt, Ehrlichkeit, Achtung, Leidenschaft, heißes Blut, Sehnsucht und vieles, vieles mehr.

Ich empfinde es als ein großes Geschenk, dass ich dich getroffen habe, dass du dich für mich entschieden hast.

Du bist mein Schatz, du bist mein herzallerliebster Mann, du bist der Mann, der mein Herz und meine Seele gewonnen hat.

Ich danke dir für deine Liebe, ich schenke dir meine. Ich wünsche mir, dass wir beide uns so verwurschteln, dass

eine Trennung, ein Auseinanderzerren, von wem auch immer, absolut unmöglich ist.
Ich liebe dich und halte Dich ganz fest!"

Die Tage im Krankenhaus wurden für Cynthia zu einer Qual, wie ich sie mir damals kaum vorstellen konnte. Ihre physikalische Therapie, die angeblich helfen sollte, verschlimmerte ihre Beschwerden nur weiter. Die Therapeuten redeten von einer „häufigen Anfangsverschlimmerung", aber das waren leere Worte für jemanden, der vor Schmerz kaum noch einen klaren Gedanken fassen konnte.

Nach zwei Wochen wurde sie endlich einem Neurologen vorgestellt, doch dieser diagnostizierte, ohne ein einziges Röntgenbild gesehen zu haben, eine Wirbelblockade. Es klang zunächst nicht viel schlimmer als der vorher vermutete Hexenschuss, jedoch wurden ihre Schmerzen von Tag zu Tag unerträglicher. Diese Diskrepanz zwischen Diagnose und Wirklichkeit machte sie mutlos. Sie verfiel in eine Art Depression, und ich sah, wie ihr Lebenswille Stück für Stück erodierte.

Zusätzlich legte man ihr eine ältere Mitpatientin auf das Zimmer, die ihr den letzten Nerv raubte. Diese Frau hatte ihre Familienfotoalben mitgebracht und zwang jedem, ob sie wollten oder nicht, die Bilder ihrer Kinder und Enkelkinder auf. Sie schwärmte in endlosen Monologen über ihre ach so perfekte Familie. Cynthia fühlte sich zu schwach, um sich dagegen zu wehren, und ich ahnte, wie sehr sie unter dieser Situation litt.

Es kam so weit, dass sie kein Essen mehr anrührte. Sie war mit ihren Nerven am Ende. Der Schmerz, die Diagnose, die unerträgliche Zimmergenossin, all das raubte ihr jede Kraft. Ich besuchte sie weiterhin jeden Abend, ahnte aber nichts von der zunehmenden Tragweite ihres Leidens. Unsere anfänglichen Momente der Intimität, diese kleinen Fluchten in die Nähe unter der Bettdecke, waren längst passé. Nicht nur, weil ihre Zimmernachbarin jede Privatsphäre verhinderte, sondern weil ihre Schmerzen jede Lust erstickten.

Sie wollte nur eines: endlich wieder ohne Schmerzen sein, endlich wieder gesund werden.

Eines Abends kam ich wie gewohnt zu ihr und bemerkte sofort, dass sie an eine Infusion angeschlossen war. Alarmiert fragte ich, wofür diese Infusion sei, doch sie wich aus. „Das gehört zur Therapie", sagte sie leise, aber ich spürte, dass sie mir nicht die Wahrheit sagte. Also ging ich, angeblich um die Toilette aufzusuchen, tatsächlich direkt zur Stationsschwester.

„Warum hat meine Partnerin eine Infusion bekommen?" fragte ich sie. Die Antwort traf mich wie ein Schlag: „Ihre Partnerin verweigert das Essen. Sie bekommt intravenös Nahrung, damit sie nicht völlig zusammenbricht."

Ich wusste nicht, wie ich damit umgehen sollte. Sie hatte mir nichts gesagt. Vielleicht wollte sie mich nicht belasten, vielleicht schämte sie sich. Aber ich wusste, dass ich sie jetzt noch mehr unterstützen musste.

Am nächsten Abend besorgte ich einen Rollstuhl

aus dem Stationszimmer. Sie konnte sich kaum noch alleine bewegen, selbst der Gang zur Toilette war ohne Hilfe nicht mehr zu schaffen. Fortan fuhr ich sie jeden Abend durch den Krankenhauspark, weg von diesem sterilen Zimmer und der belastenden Mitpatientin. Ich brachte sie in die Cafeteria, und wir teilten uns ein Eiskonfekt. Es waren kleine Fluchten, aber sie waren notwendig, um ihr ein kleines Stück Normalität und Würde zurückzugeben.

Wir sprachen kaum noch über unsere Träume oder Wünsche, und von einer Lust auf Sex war längst keine Rede mehr. Unsere Gespräche kreisten um ihre Schmerzen, um die Hoffnung, dass die Therapie irgendwann wirken würde. Und doch wartete sie jeden Tag sehnsüchtig auf mich, so wie ich es nicht erwarten konnte, nach der Arbeit wieder bei ihr zu sein.

Natürlich fragte ich mich, wie lange ich das durchhalten konnte, ob meine Fürsorge irgendwann nicht mehr ausreichen würde. Doch ich liebte sie, und diese Liebe gab mir Kraft. Ich brachte ihr weiterhin jeden zweiten Abend frische rote Rosen. Sie waren ein Symbol, dass sie auch in dieser schwierigen Zeit nicht alleine war, dass ich an ihrer Seite bleiben würde, egal, wie lange es dauern würde.

In der dritten Woche ihres Aufenthalts erreichte sie einen Punkt, an dem selbst die starken Schmerzmittel, die sie intravenös erhielt, kaum noch Wirkung zeigten. Ihre Stimmung schwankte stündlich zwischen tiefer Verzweiflung und einem Funken Hoffnung.

Eines Abends, nach unserer üblichen Runde im Rollstuhl, fuhr ich nach Hause. Ich hatte das Gefühl, dass es ein besonders schwerer Tag für sie gewesen war, doch sie sagte nichts. Erst später erfuhr ich, was in ihr vorging. Sie lag in ihrem Bett, erschöpft von den Schmerzen, doch plötzlich tauchten Gedanken an uns auf, an unsere gemeinsamen Nächte, an die Grenzen, die wir immer wieder verschoben hatten, und an das Begehren, das uns miteinander verband.

Diese Gedanken ließen sie nicht los. Sie erzählte mir später, dass sie bei diesen Erinnerungen gierig wurde, trotz allem, was sie durchmachte. Mit einem Hauch von Hoffnung griff sie zu ihrem Laptop und schrieb mir eine E-Mail. Es war der 14. August, und ich ahnte nicht, dass diese Nachricht einer der intimsten und ehrlichsten Momente unserer Beziehung sein würde.

„Gute Nacht mein Schatz,

schlafe schön und träume ein bisschen von deinem Mädel, das hier vor Sehnsucht vergeht. Du fehlst mir sehr, deine Nähe, deine Wärme, deine Leidenschaft, du hast alles, wovon ich träume. Mir fallen vom Schlafmittel die Augen zu, selbst ein Krimi kann mich nicht mehr wachhalten. Ich träume von dir, bevor ich einschlafe, denke ich mit wohliger Wärme an deine Hände, die meinen Körper erforschen, die mich überall streicheln und liebkosen, ich denke an deinen Körper, über den ich meine Hände gleiten lasse, ich fühle deine Erregung, merke, wie deine Haut ein wenig feucht wird, höre deinen Atem schneller werden, deine Küsse sind

kürzer, aber umso heftiger und unglaublich verlangend.
Meine Gedanken sind in diesem Moment bei Dir, wenn du
mir so nah bist, näher geht nicht, ich kann es mit Worten
gar nicht ausdrücken, weil es dazu viel zu wenige Vokabeln
gibt.

Schließe deine Augen, fühle, wie ich mit meinen
Händen durch deine Haare streiche, über deine Wangen
und deinen wunderbaren Mund. Spüre meine Zunge, wie
sie sich in dein Ohr schleicht wie eine Schlange und sich
dort windet, weil viel zu schnell der Weg zu Ende ist. Sie
sucht deinen Mund, fährt über deine Lippen und zwängt
sich hinein, um deine zu streicheln.

Alles wird geküsst, dein Hals, deine Brust, deine
Hände.......

Bis morgen mein herzallerliebster Schatz.
Ich nehme dich zärtlich in meine Arme."

Cynthia erzählte mir, wie die Tage im Krankenhaus für sie kaum mehr zu ertragen waren, aber auch,
wie sich ihre Gedanken in den wenigen Momenten
der Erleichterung veränderten. Zu viele Tage, so sagte
sie, hatte sie keinen „Lust" mehr gehabt, und das
machte etwas mit ihr. Doch wenn die Schmerzmittel
wirkten, diese kostbaren ein bis zwei Stunden, bevor
die Schmerzen langsam zurückkehrten, kehrte auch
ihre Sehnsucht zurück. Ihre Leidenschaft, ihr Hunger
nach körperlicher Nähe. Am nächsten Abend, als ich
sie wieder im Rollstuhl über den Krankenhauspark-
platz schob, sprachen wir offen darüber. Sie erzählte
von ihrer Sehnsucht, ihrem Verlangen, und ich

gestand ihr, wie sehr mich ihre E-Mail vom Vortag berührt hatte. Ich erzählte ihr, wie ich mich nach ihr verzehrte, während ständig nur an sie dachte, immer mit ihr in meiner Fantasie zusammen war. Wir lachten leise, aber ich konnte sehen, wie ihre Augen zu leuchten begannen, als sie sich in ihren Gedanken an unsere gemeinsamen Nächte verlor.

Später brachte ich sie zurück auf ihr Zimmer. Die „Trulla", ihre Bettnachbarin, wie sie sie bei mir benannte, beobachtete uns wie immer mit missbilligendem Blick. Doch das störte mich nicht. Ich beugte mich zu Cynthia, gab ihr einen langen, leidenschaftlichen Gute-Nacht-Kuss, und flüsterte ihr ins Ohr, wie sehr ich sie liebte. Sie lächelte, ein Lächeln, das trotz all ihrer Schmerzen pure Wärme und Zuneigung ausstrahlte.

Nachdem ich gegangen war, rief sie ihre Tochter an, wie sie mir später erzählte. Sie versuchte, die Verbindung zu ihrer Familie aufrechtzuerhalten, auch wenn ihr Zustand und die bevorstehende Operation sie oft daran hinderten, wirklich bei der Sache zu sein. Danach griff sie zu Stift und Papier, um mir einen Brief zu schreiben. Es war ein Brief, den ich noch heute als einen der ehrlichsten und schönsten Briefe von ihr bewahre.

„Hi mein Schatzelchen,

jetzt habe ich noch mal mit meinem Tochtermäuschen gesprochen und dann noch mit Mutti, was erwartungsgemäß mal wieder ein wenig länger gedauert hat. Jetzt bin ich ziemlich groggy. Aber es hat mir so gutgetan, dass wir heute „ausgestiegen" sind aus dieser „Heilanstalt". Diese Momente mit dir, sie geben mir so viel. Du bist ein echter Schatz, und ich bin so glücklich, dass der Zufall es erlaubt hat, dass wir uns kennenlernen durften.

Auch wenn meine Hände nicht so groß sind, werden sie dich festhalten und nicht mehr loslassen. Ist es nicht irre, wie viele Gemeinsamkeiten wir haben? Keine Lust auf blauen Dunst, keine Lust auf Zank und Streit, dafür Sehnsucht nach Harmonie, Liebe und ein glühendes Verlangen.

Weißt du eigentlich, wie schwer es für mich war, dir zu zeigen, was da in mir schlummert? Ich musste es erst einmal selbst annehmen, bevor ich es dir überhaupt sagen konnte. Aber jetzt bin ich so froh und glücklich, dass ich es dir gesagt habe. Dass du auch Spaß daran hast, das macht alles so rund, so glatt, dass ich die Welt umarmen könnte.

Ich möchte noch viele, viele schöne Stunden mit dir erleben. Ich möchte böse Stunden mit dir meistern. Ich möchte deine Partnerin sein in allen Dingen. Ich möchte mit dir Rasen mähen, mit dir Bilder aufhängen, mit dir kochen, mit dir die Wohnung putzen, mit dir bummeln gehen. Ich möchte mit dir lachen und weinen, ernste und alberne Gespräche führen – und dich jeden Tag ganz bewusst genießen.

Jetzt, in unserem Alter, können wir über unsere Lust reden. Es ist ein Thema, das uns vielleicht in 15 Jahren nicht mehr interessiert – oder vielleicht doch? Wer weiß das schon! Aber jetzt ist es da, und ich darf mit dir Dinge erleben, von denen ich noch vor kurzem nicht wusste, dass sie mich überhaupt erregen. Für dich ist es auch Neuland.

Und auch deine Wünsche, die sich eingeschlichen haben, sprichst du aus. Gemeinsam können wir all das ausleben.

Niemand macht uns Vorschriften. Niemand kann uns daran hindern. Keine kleinen Kinder stören uns, nichts und niemand steht uns im Weg. Das ist der Vorteil unseres Alters. Wir gehören zusammen."

Am folgenden Tag ließ Cynthia den Brief, den sie in der Nacht geschrieben hatte, von einer Schwester in den Briefkasten bringen. Sie sagte mir später, dass sie in diesem Moment spürte, wie sehr sie mich zu lieben begann, ein bisschen später als ich sie, denn ich hatte es längst gewusst. In jeder Minute, die wir zusammen verbrachten, zeigte ich ihr, wie sehr ich sie liebte. Und sie erzählte mir, dass sie in diesen Tagen begriff, dass sie mich nicht nur brauchte, sondern mir auch alles geben wollte.

„Lieber Gott," hätte sie gebetet, *„lass mich bitte wieder aus dem Rollstuhl heraus und gesund werden."*

Der folgende Tag begann mit einer Untersuchung in der Radiologie. Ein MRT war angeordnet worden. Ein Pfleger fuhr sie im Rollstuhl ins Erdgeschoss und parkte sie im Wartebereich. Relativ schnell wurde sie aufgerufen und rollte sich selbst zur Tür, wo eine Schwester ihr auf die Liege half, bevor sie in die Röhre geschoben wurde.

Das Ergebnis war niederschmetternd. Sie litt an einer ausgeprägten Wirbelkanalstenose. Zwei Wirbel mussten entlastet werden, das Rückenmark freigelegt.

Eine Operation war unvermeidbar, und das Risiko war hoch. Es bestand die Gefahr, dass sie den Rest ihres Lebens im Rollstuhl verbringen würde. Ich war bei ihr, als sie die Diagnose erhielt, und ich sah, wie sie mit der Angst kämpfte.

„Ich bin bei dir," sagte ich leise. „Für immer."

Ich meinte es so, jedes Wort. Ich wusste, dass sie mich brauchte, aber ich brauchte sie genauso sehr.

Bereits am nächsten Tag wurde sie in die Neurochirurgie des benachbarten Krankenhauses verlegt. Die Vorbereitungen für die Operation begannen. Doch gerade an diesem Tag musste ich nach Brüssel zu einer wichtigen Besprechung. Ich versprach ihr, noch am selben Abend zurückzufahren, um wieder bei ihr zu sein. Ich wollte, dass sie spürte, dass sie nicht allein war.

Für Cynthia begannen die schwersten Stunden ihres Lebens. Sie erzählte mir später, wie sie an die gekalkte Decke starrte, die Stille im Zimmer, diesen muffigen Krankenhausgeruch. Die Schwester kam bereits um kurz nach 7:00 Uhr, um sie für die OP vorzubereiten. Am Abend zuvor hatte der Anästhesist sie über die Risiken aufgeklärt, doch sie hatte nur mechanisch unterschrieben, ohne wirklich zuzuhören. Sie wollte alles einfach hinter sich bringen.

Als sie später in den Keller zu den Operationssälen gebracht wurde, verlor sie jedes Gefühl für Zeit. Sie erzählte mir, wie sie in diesem kalten Raum lag, fror, weinte und sich leer fühlte. Der venöse Zugang war gelegt, und ihr Blick war an die Decke gerichtet – oder vielleicht ins Nichts. *„Ich war nur noch eine Hülle"*, erzählte sie mir. *„Ich fühlte mich nicht mehr wie ein Mensch, nicht mehr wie eine Frau."*

Als sie aus der Narkose erwachte, war sie im Aufwachraum. Sie spürte kaum etwas, war benommen und bewegungsunfähig. Sie erzählte, wie sie die Schläuche fühlte, die aus ihrer Wirbelsäule kamen, harte, kalte Schläuche, die sie an ihre Verletzlichkeit erinnerten. Doch dann, später, als sie in ihr Krankenzimmer zurückgebracht wurde, nahm sie plötzlich etwas wahr. Sie spürte meine Hand, meine Lippen auf ihren, und hörte mich flüstern: „Schatz, ich bin bei dir. Ich liebe dich."

Ich hatte die nach meiner Rückkehr in ihrem Zimmer gewartet, weil man mich nicht in den Aufwachraum gelassen hatte. Ich wollte sie nicht aus den Augen lassen. „Ich wollte nur wissen, dass es dir gut geht," erzählte ich ihr später.

In den ersten Tagen nach der OP war sie fast durchgehend sediert, aber ich war jeden Abend bei ihr. Sie erwähnte, dass diese Momente, in denen sie mich spürte, ihr Kraft gaben. Trotz der unerträglichen Schmerzen spürte sie meine Zuneigung, meine Liebe, und das gab ihr Hoffnung.

Am Tag nach der Operation brachte ich eine Überraschung mit. Es klopfte an der Tür, und ihre Tochter lugte herein. Ihre Augen füllten sich sofort mit Tränen, als sie ihre Tochter sah. *„Ein wahrer Schatz"*, sagte sie, *„und mir liefen die Tränen über die Wangen."*

Ich wusste, wie wichtig ihre Kinder für sie waren. Deshalb war es für mich selbstverständlich, ihre Tochter an diesem Tag zu ihr zu bringen. Es war ein Moment, den sie nie vergessen würde. Ihre Tochter saß auf der linken Bettkante, ich auf der rechten, und in diesem Augenblick fühlte sich Cynthia trotz allem wie die glücklichste Frau der Welt.

„Trotz der Schmerzen, trotz allem, was vor mir liegt," sagte sie später, *„war das einer der glücklichsten Momente meines Lebens."*

Als ihre Tochter und ich mich verabschiedet hatten und gegangen waren, bat Cynthia ihre Bettnachbarin, ihr den Laptop aus dem Schrank zu holen. Sie schrieb mir, trotz der Schmerzen, die jede Bewegung verursachte, eine E-Mail:

„Mein geliebter R.,

ich kann es kaum in Worte fassen, wie tief Du mich heute mit Deiner Überraschung berührt hast. Als die Tür sich öffnete und ich plötzlich mein Tochtermäuschen sah, war es, als hätte jemand einen Lichtstrahl in dieses graue, muffige Krankenhauszimmer geworfen. Die Tränen kamen sofort, ich konnte sie nicht aufhalten. Es war ein Moment, der mich gleichzeitig glücklich und zerbrechlich machte.

Du wusstest genau, was ich brauche, noch bevor ich es selbst wusste. Du bist ein Mann, wie ich ihn nie für möglich gehalten hätte. Du bist nicht nur mein Halt in diesen schweren Zeiten, sondern auch derjenige, der mein Herz mit einer Wärme erfüllt, die ich fast vergessen hatte.

Hier liege ich, an dieses Bett gefesselt, unfähig, mich zu bewegen, und doch hast Du es geschafft, mir das Gefühl zu geben, dass ich geliebt und begehrt werde. Deine Überraschung heute hat mir mehr gegeben, als ich jemals mit Worten ausdrücken könnte. Du hast mir Hoffnung geschenkt, in einer Zeit, in der ich fast keine Hoffnung mehr hatte.

Manchmal kommt es mir vor wie ein Traum, dass es Dich gibt, dass Du in mein Leben getreten bist. Aber dann erinnere ich mich an Deine Hände, die meine halten, an Deine Lippen, die mir sanft ins Ohr flüstern, dass alles gut wird, und ich weiß: Es ist kein Traum. Es ist real. Du bist real. Und Du bist bei mir. Ich kann nur immer wieder Danke sagen – danke, dass Du mich so liebst, wie ich bin, auch in diesem Zustand, in dem ich mich selbst kaum wiedererkenne. Danke, dass Du mein Leid mit mir teilst, dass Du Dich selbst zurücknimmst, um mir beizustehen. Danke, dass Du für mich da bist, dass Du mich auffängst, wenn ich zu fallen drohe. Ich liebe Dich.

Ich liebe Dich mit einer Intensität, die mich manchmal selbst erschreckt. Du bist der Traum, der wunderschöne Traum, den ich nie zu träumen gewagt hätte. In dieser Dunkelheit bist Du mein Licht. Ich danke dem lieben Gott jeden Tag, dass er uns zusammengeführt hat.

Deine Cynthia

PS. Ich schicke Dir einen dicken Gute-Nacht-Kuss, den ich mir so sehr wünsche, dass Du ihn bald wieder in echt bekommst."

Ich las ihre Antwort erst am nächsten Morgen und schrieb sofort zurück:

Hallo mein Schatz,
zuallererst will ich Dir sagen -----ICH LIEBE DICH-------Grenzenlos!
Dein „Tochtermäuschen" war heute sehr glücklich, als ich sie anrief und bat mitzukommen und weil sie weiß, wie sie mir sagte, dass Du bei mir in guten Händen bist und Du wirst es immer sein. Und das bist Du, ich schwöre es Dir, weil ich Dich liebe. Mein Schatz, ich habe heute natürlich gespürt, wie nervös Du bist, wie sehr Dir die Angst, wie es weitergehen wird, an Deinen Nerven zerrt. Ich bin für Dich da, 110% und ohne Grenzen. Aber ich weiß auch, dass Deine Angst normal ist, es wäre unnatürlich, wenn sie Dich nicht beängstigen würde. Morgen bin ich bei Dir, gleich nach meiner heutigen Besprechung im Dienst fahre ich zu Dir.
Ich will Dir ganz nah sein. Ich umarme Dich ganz fest, halte Dich fest und sage Dir
– ICH LIEBE DICH - !

Nachdem sie erschöpft und schweißgebadet, aber glücklich, den Laptop zugeklappt hatte, bat sie ihre Bettnachbarin, ihn in den Schrank zurückzulegen. Irgendwann schlief sie ein, doch die Nächte waren kaum zu ertragen. Erst als die Drainagen aus ihrem Rücken entfernt wurden, die das Blut und Wundwasser aus der riesigen Operationswunde ableiteten, wurde es etwas erträglicher. Diese Schläuche hatten sie förmlich an das Bett gefesselt, und jede Bewegung war eine Qual.

Die Tage danach waren geprägt von Warten, Warten auf mich. Ich wusste, wie sehr sie diese Momente brauchte, meine Hand zu spüren, meine Stimme zu hören und endlich wieder ein Stück Normalität zu erleben. Nachdem sie keine Schläuche mehr im Körper hatte, durfte sie aufstehen. Ich fuhr sie im Rollstuhl zur Cafeteria, aber die unbequemen Stühle dort und selbst der Rollstuhl waren eine Tortur. Nach kurzer Zeit mussten wir immer zurück ins Zimmer, wo sie sich wieder hinlegen konnte, um die Schmerzen auszuhalten.

Wenn ihre Bettnachbarin nicht im Zimmer war, nutzten wir diese kleinen Momente für uns. Wir küssten uns, und meine Hand fand wie von selbst ihren Weg unter das T-Shirt, das sie trug. Nachthemden, sagte sie, könne sie nicht ausstehen, und besitze sie erst recht nicht. Ich streichelte ihren Busen, und obwohl ihre Bewegungen noch eingeschränkt waren und die Schmerzen allgegenwärtig, fühlte ich, wie sie diese Berührungen genoss. Es waren unsere ersten zärtlichen Momente nach fast einer Woche, vorsichtig, zart, aber voller Bedeutung.

Manchmal massierte ich sie sanft, immer darauf bedacht, keine zusätzlichen Schmerzen zu verursachen. Es war nicht viel möglich, doch für sie waren diese wenigen Berührungen *„hocherotisch"* wie sie sagte, ein Zeichen, dass unsere Verbindung über die körperlichen Einschränkungen hinausging. Aber wir mussten immer wachsam sein, denn jede Sekunde konnte eine Schwester oder ihre Bettnachbarin auftauchen.

Cynthia erzählte mir, wie wichtig diese Momente für sie waren. Es ging nicht nur darum, dass ich ihr half, in ein schmerzfreieres Leben zurückzukehren, sondern auch darum, dass ich ihre Gedanken wieder auf UNS lenkte. Sie fühlte sich dann, trotz allem, als Frau, als meine Frau, begehrt und geliebt, für immer, egal, wie die Heilung verlaufen würde.

Nach vier Wochen durfte ich sie endlich nach Hause holen. Der Moment, als wir das Krankenhaus hinter uns ließen, war für uns beide überwältigend. Doch nun begann das Warten auf die Bestätigung für die Rehabilitationsmaßnahme, die zwingend notwendig war.

Viele Wochen zuvor, als an eine Operation noch nicht zu denken war, hatte ich Karten für eine „Italienische Operngala" gekauft, ein Open-Air-Konzert auf einer Burg. Wir hatten uns so darauf gefreut. Doch mit der Operation wurde unklar, ob Cynthia überhaupt würde teilnehmen können. Ich hatte schon darüber nachgedacht, die Karten ihrer Tochter und ihrem Freund zu schenken, damit sie wenigstens nicht verfallen würden.

Doch Cynthia überraschte mich. Kaum zu Hause, entschied sie: *„Ja, WIR beide gehen zum Konzert."*

Zwei Tage später, an einem Samstag, bereitete sie sich auf diesen Abend vor, als wäre es ihr großer Auftritt. Sie wollte sich wieder als Frau fühlen, nach Wochen im Krankenhaus. Sie zog einen ihrer kurzen Röcke an, ein enges Shirt – und High Heels. Ich war sprachlos. „Cynthia," sagte ich, „du bist gerade erst operiert worden, das ist Wahnsinn." Aber sie ließ sich nicht beirren. Sie wählte keine 10 Zentimeter, aber sieben oder acht mussten es mindestens sein.

Wir fuhren zum Konzert, doch der Abend entwickelte sich anders, als wir gehofft hatten. Die Tribünensitze waren knallhart, und schon vor Konzertbeginn begann es in Strömen zu regnen. Chaos brach aus. Die Opernsängerinnen froren in ihren dünnen Kleidern, und ich sah, wie Cynthia mit ihren Schmerzen und dem Regen kämpfte. Nach einer Stunde bestand ich darauf, dass wir nach Hause fuhren.

Doch der Rückweg war eine Szene für sich. Cynthia stolzierte in ihren High Heels über das glitschige Kopfsteinpflaster, frisch operiert. Ich konnte nur den Kopf schütteln. Der Neurochirurg hätte sich die Haare gerauft, hätte er das gesehen. Aber sie strahlte. *„Ich bin wieder eine Frau,"* sagte sie später.

Die nächsten Tage verbrachten wir vor allem auf der Couch und im Bett. Liegen war für sie die beste Position, um die Beschwerden zu ertragen. Unsere Leidenschaft war sanft, nicht-akrobatisch, aber so erfüllend wie immer. Wir waren endlich wieder zusammen, und das zählte.

Langsam fanden wir zurück zu unserer Hingabe. Wir entdeckten neue Spielarten, erkannten immer genauer, was den anderen erregte. Ich wusste genau, wie ich sie betören konnte, und sie vergaß in diesen Momenten alles, sogar ihre Krankheit. Es war nicht nur Heilung für ihren Körper, sondern auch für ihre Seele.

Der Kurerfolg

Es begann an einem Montagmorgen. Wir früh-stückten gemeinsam, aber ich spürte, wie nervös Cynthia war. Sie biss in ihr Brötchen, wie immer liebe-voll mit ihrem Exquisa-Streichkäse oder Emmentaler und einem Hauch Marmelade belegt, kaute und legte es dann mit einem Seufzen wieder zurück.

„Ich bringe heute nichts runter," sagte sie plötzlich und schüttelte den Kopf. *„Sperma schluckt sich leichter,"* fügte sie mit einem frechen Grinsen hinzu.

Wir hatten den Morgen nicht mit einer schnellen Nummer begonnen, wie wir es gewollt hätten, weil ihre Schmerzen sie dabei immer noch einschränkten. Es war vor dem Krankenhausaufenthalt unsere Art, die Verbindung zueinander zu spüren, bevor der Tag begann, ein Ritual, das uns Trost gab. Doch jetzt war die Gesundung in greifbarer Nähe. Ich würde sie für wenigstens 3 Wochen in eine Rehaklinik bringen, und wir wussten beide, dass wir uns erst am Wochenende wiedersehen würden.

Wir fuhren los. Die Aufnahmeprozedur war lang-wierig, und als Cynthia erfuhr, dass sie in einem Doppelzimmer untergebracht werden würde, fiel ihre Stimmung spürbar ab. Als wir das Zimmer betraten, war sie sichtlich enttäuscht. Es sah aus wie ein Kran-kenhauszimmer: unpersönlich, steril und ungemüt-lich. Der vertraute Krankenhausgeruch, den sie gerade erst hinter sich gelassen hatte, lag noch in der

Luft. Sie seufzte.

„Das ist keine Reha, wie ich sie mir gewünscht habe", sagte sie später zu mir. Aber sie wusste, dass sie da durchmusste.

Die ersten Tage waren für sie eine Tortur. Die Anwendungen waren ein Mix aus hilfreichen Übungen und grausam oberflächlichen Maßnahmen, die kaum Wirkung zeigten. Schlimmer noch waren die Mitpatienten, die sie schnell als „Frischfleisch" sahen. Cynthia erzählte mir am Telefon, wie plump und respektlos einige der Männer sie anbaggerten. Sie hasste es.

„R. kannst du mich am Freitag abholen?" fragte sie mich eines Abends am Telefon. *„Ich will, dass sie sehen, dass ich zu dir gehöre."*

Am Freitag holte ich Cynthia ab, wie sie es sich gewünscht hatte. Ich holte sie direkt von ihrem Zimmer ab, trug ihre Tasche, und sie hakte sich bei mir unter. Wir schlenderten bewusst langsam durch die Klinik, vorbei an der Cafeteria, damit wir gesehen wurden. Ich wusste, dass sie mit mir Eindruck schinden wollte, das war, ihr Plan. Es funktionierte. Cynthia erzählte mir später, wie schnell sich herumsprach, dass ihr Partner sie abgeholte hatte. Die „Proleten" hielten sich ab diesem Moment spürbar zurück.

Die Freitagabende zu Hause wurden für uns zu ganz besondere Highlights. Nach den langen Wochen des Krankenhausaufenthalts genossen wir die gemeinsame Zeit umso mehr. Meistens lagen wir auf der Couch, schauten einen Film, kuschelten uns zusammen, bis unsere Hände zueinanderfanden. Diese Nähe – unsere intimen Momente – waren für uns beide wie eine Rückkehr in die Normalität.

Cynthia scherzte einmal, während sie mit mir auf der Couch lag: *„Ich glaube, ich muss den Rest meines Lebens flach auf dem Rücken verbringen – bereit für Dich."* Wir lachten beide und selbst in diesen Momenten, die oft noch von leichten Schmerzen durchzogen waren, schaffte sie es, Humor zu zeigen.

Die Samstage waren unsere Alltagstage. Wir wuschen Wäsche, erledigten kleine Einkäufe und bereiteten uns auf die gemeinsamen Sonntage vor. Die nächsten Sonntage waren unser kleines Ritual: Wir fuhren in die Umgebung, suchten uns ein schönes Café, tranken Cappuccino und gönnten uns ein großes Eis. Ich machte unter der Woche immer schon Pläne, wie wir Abwechslung in unsere Wochenenden bringen konnten.

Doch der Sonntagabend war für uns beide ein trauriger Moment, denn ich musste Cynthia wieder in die Rehaklinik zurückbringen. Auch dafür hatten wir unser Ritual gefunden: Vor der Rückfahrt hielten wir immer bei McDonald's. Ich bestellte einen McRib, sie einen Filet-o-Fish. Es war ein kleiner Trost für den bevorstehenden Abschied, aber das Ritual half uns, diesen Moment leichter zu ertragen.

Cynthia erzählte mir später, wie sehr sie sich an diese Rituale klammerte, wie sie ihr halfen, die harten Wochen in der Klinik zu überstehen.

„Ich bin so glücklich," sagte sie mir am Telefon.

„Trotz allem. Ich habe einen Mann gefunden, der mich liebt, der immer für mich da ist. Ich hätte das nie erwartet."

Doch ich wusste auch, dass sie immer noch Fragen hatte, die sie manchmal nicht losließen: „Was ist aus meiner Absicht geworden, nur einen kurzen Flirt zu haben?" „Warum sollte ich dieses Glück aufgeben?"

Diese Gedanken tauchten manchmal auf, doch sie verwarf sie schnell wieder. *„Ich bin glücklich,"* sagte sie. *„Warum sollte ich darüber nachdenken, es zu zerstören?"*

Unser gemeinsames Leben war für sie ein Geschenk, das sie nicht mehr missen wollte. Und für mich war sie alles, was ich mir jemals gewünscht hatte.

Es war ein Sonntagabend, erinnere ich mich. Wir hatten gerade unser Ritual gepflegt, die obligatorischen Burger bei McDonald's, und dann hatte ich sie zurück in die Reha-Klinik gebracht. Diese Sonntagabende waren weiterhin bittersüß: Wir genossen die gemeinsame Zeit, aber der Moment der Trennung tat uns jedes Mal weh.

Cynthia beschrieb mir, wie sie allein in ihrem Bett lag, auch mit ihren Gedanken allein. Sie dachte über die Verwandlung nach, die sie in den letzten Wochen durchgemacht hatte.

„Ein Mann, der sich so um mich kümmerte, in all der Zeit, in der es mir gesundheitlich nicht gut ging – das hatte ich nie erlebt," sagte sie mir zu mir. *„Ich hätte niemals gedacht, dass ich so jemanden finden würde."*

Sie griff zu ihrem Laptop und schrieb mir eine E-Mail.

„Hallo mein lieber Schatz, du überraschst mich immer wieder. Danke, mein Schatz, danke für das tolle Wochenende, danke für deine Zuneigung und Liebe, danke für deine Gegenwart, danke für deine ganze Art, mich anzunehmen, und danke für das Buch, das du mir gegeben hast. Ich werde es genießen, denn ich gehe einfach davon aus, dass es auch deine Worte sein würden, die sich dahinter verbergen. Und somit werde ich jedes Gedicht annehmen und dich darin versuchen zu finden.

Das Gefühl zu dir hat sich entwickelt aus einem kleinen züngelnden Flämmchen, das sich zunächst zu behaupten versuchte. Jetzt sind es hohe Flammen, die überall aufflackern, wenn ich an dich denke. Hohe Flammen, die sich entzünden, wenn deine Hände mich berühren, hohe Flammen, die zum Himmel reichen, wenn dein Mund mich küsst. Hohe Flammen, die zu einem Vulkan werden, wenn du mich liebst. Dieses schöne Gefühl hat alles eingenommen.

Plötzlich zieht alles ruhige und ausgeglichene Bahnen. Innere Unruhe und Unrast versickern wie Wasser im Sand. Du bist der Sonnenstrahl, der die Erde wieder trocknet, wenn sie im Tränenmeer zu ertrinken droht. Du bist die Helligkeit, die die Seele aufmuntert, wenn die Dunkelheit sie verschlingen will. Du bist die Wärme, die mich einhüllt und tröstet, die mir Zuversicht gibt und das Gefühl eines glücklichen Lebens wieder aufkommen lässt.

Du bist die Liebe, die mich in den Arm nimmt, die mir

so warme und schöne Werte vermittelt, die mir zeigt, dass ein Mensch einen anderen so sehr bereichern kann, dass Schwindel des Glücks die Seele ergreift. Halte sie fest, die Sehnsucht meiner Seele. Halte sie fest, diese starken Gefühle, die ich für dich empfinde. Ich bitte dich, halte alles ganz fest. Nimm diese starken Gefühle für dich an.

Ich liebe dich! Träume etwas Schönes und lass mich deinen wunderbaren, weichen Zaubermund küssen.

Dein Schatz, Cynthia

PS. Ich küsse deine süße Rotznase, ich küsse deinen süßen Zaubermund, ich küsse deine hoffentlich nicht heiße Stirn, ich küsse deine reizvollen Ohren, ich küsse deine starke Brust, ich küsse ......"

Aus den geplanten 3 Wochen wurden 6 Wochen Reha. Ich holte sie danach endgültig aus der Klinik und dem muffigen Krankenzimmer ab und sie freute sich darauf, wieder in unseren Alltag zurückzukehren – in das Leben, das wir uns inzwischen gemeinsam aufgebaut hatten. Das war im November.

Kurz bevor ich nach Baku flog, um an einer Konferenz teilzunehmen, stellte ich sie einem meiner besten Freunde vor. Er ist ein begnadeter Fotograf, und ich wusste, dass Cynthia seine Arbeit lieben würde.

In seinem Studio machte A. hinreisende Fotos von uns beiden. Er hat diese Gabe, Momente einzufangen, die Worte nicht beschreiben können. Cynthia schrieb ihm später eine E-Mail, um ihm dafür zu danken und ihm ihre Gedanken mitzuteilen.

„Hallo lieber A., Du hast hier auf der anderen Seite eine Frau, die in vielen Bildern Geschichten sieht. Deine Fotografien haben mich tief beeindruckt, sie erzählen mehr, als Worte je könnten.

Das Schicksal hat mich oft enttäuscht, besonders in der Liebe. Kurz bevor ich R. kennenlernte, hatte ich den Glauben an Beziehungen fast aufgegeben. Ich hatte sogar Termine in einem Lesbenverein herausgesucht, ich wollte einfach mal raus, in Ruhe und Frieden, ohne diese klassischen Anbaggereien.

Und dann traf ich R. Er verstand es, mein Herz zu erobern, Stück für Stück. Es war nicht nur sein Charme, sondern auch seine Geduld und seine Art, mich zu nehmen, wie ich bin. Wir haben beide unsere Vergangenheit, unsere Ecken und Kanten. Und doch passt bei uns alles so perfekt zusammen. Ich bete zu Gott, dass es so bleibt, denn ich bin glücklich – so glücklich wie nie zuvor."

Fotosession

Endlich war es so weit, ihr Vertrauen zu mir war scheinbar so grenzenlos, dass sie mich bat, „hocherotische Fotos" von ihr anzufertigen. Diesen Wunsch hatte sie schon lange, wurde ihr aber durch ihre letzte Beziehung angeblich gründlich vergrätzt. *„Ich öffnete eines Tages eine Schublade seines Wohnzimmerschrankes und sah die Fotos von ihm und seiner Exfrau und auch von seinen anderen Beziehungen. Ich wollte mich von ihm nicht irgendwann in der gleichen Schublade wiederfinden, oder von anderen Frauen finden lassen"*, erzählte sie mir.

Anders bei mir, sie liebte mich inzwischen so sehr, dass *„kein Blatt Papier mehr zwischen uns passt"*. Ihre Worte! Deshalb bat sie mich, erotische Fotos von ihr zu machen, und ich fotografierte sie in allen möglich Posen. Es war sehr reizvoller Abend, ich fotografierte sie auf ihrer Couch, vor dem Kamin in Strapsen, Strümpfen und Büstenhebe, das Outfit dass ich am meisten liebte und natürlich in den unterschiedlichsten High Heels. Nach dem Wohnzimmer war die nächste Location die Küche, danach der Keller, später in ihrem „Prinzessinnenzimmer". Die Fotos sollten nicht für mich sein, sondern für sie. Ich hatte an diesem Abend keine Gedanken dafür „warum und wofür" sie diese Fotos für sich haben wollte. Die Lösung dieser Frage wurde mir erst nachträglich, Wochen später, bewusst.

Club Schiava

Cynthia war plötzlich wieder die Frau, die sie vor all den Schmerzen und der Krankheit wohl gewesen war, und vielleicht sogar noch mehr. Sie war nahezu übernacht die Frau, die ich bisher nicht kennengelernt hatte. Unser erstes Date fand ja während ihrer Erkrankung und unter ständigen Schmerzen statt.

„Es wird Zeit, wieder ein Stück meiner alten Leidenschaft aufleben zu lassen," sagte sie eines Abends. Sie wollte zurück in die Clubszene, in diese besondere Atmosphäre, die sie früher so fasziniert hatte. Aber diesmal wäre alles anders. Sie wäre nicht mehr die Frau, die sich von einem Partner widerwillig vorführen ließ. Sie wäre jetzt diejenige, die im Rampenlicht zu stehen genießen würde. Und sie möchte das mit mir teilen.

Cynthia erzählte inzwischen öfters von ihren früheren Erfahrungen, auch von den Vorlieben ihres Ex-Partners, die sie damals oft eher erduldet hätte. Aber jetzt wollte sie selbst bestimmen. Und sie hatte volles Vertrauen in mich, was sie mir eines Abends mit den Worten sagte: *„Mit dir würde ich überall hingehen."*

Das war für mich ein unglaubliches Kompliment. Es zeigte mir, dass sie sich nicht nur mir anvertraute, sondern auch bereit war, mit mir neue Abenteuer zu erleben. Sie bat mich, zu recherchieren, ... sie hätte schon einmal von *„frivolen Kneipen"* gehört. Und tatsächlich, es gab eine Liste im Internet über frivole Kneipen, zwischen Hamburg und Amsterdam. Wir wählten gemeinsam einen Club aus, der vielversprechend wirkte, genau der richtige Ort für ihren „Wiedereinstieg", wie sie meinte.

An einem kühlen Herbstabend war es dann so weit. Cynthia bereitete sich vor, und ich muss gestehen, sie sah atemberaubend aus. Ihre langen Haare, frisch getönt und mit Haarteilen voluminös ergänzt, lagen glatt über ihre Schultern. Ihr Make-up war verführerisch, ihre Augen betonten sie mit einem Hauch von „Smokey Eyes". Sie trug einen ultrakurzen schwarzen Lederrock, ein passendes Lederjäckchen und darunter – nichts als einen Tanga und ihre Büstenhebe, die ihre üppigen Brüste perfekt betonte. „Du liebst das doch," hatte sie mir einmal gesagt, und das stimmte. Schon der Gedanke daran brachte mich fast um den Verstand.

Als wir an diesem Abend den „Club Schiava" betraten, waren wir sichtlich nervös. Ihre Hände waren schweißnass, aber sie hielt meine Hand fest und lächelte. Die Atmosphäre des Clubs war sofort einladend, das Licht gedämpft, die Musik sanft pulsierend. Die Gäste waren größtenteils in unserem Alter, ein angenehmer Mix, der uns sofort entspannte.

Wir fanden schnell unseren Platz, und es dauerte nicht lange, bis Cynthia anfing, sich wohlzufühlen. Sie war die ganze Zeit über bei mir, hatte nur Augen für mich. Wir küssten uns häufig und tauschten zärtliche Blicke. Ich konnte spüren, wie sie immer mehr aus sich herausging. Während wir an der Bar standen, begann sie spielerisch, meine Hand auf ihren Oberschenkel zu legen. Ich spürte den Rand ihrer Strümpfe und sah das verruchte Funkeln in ihren Augen.

„Ich muss kurz auf die Toilette," sagte sie plötzlich und verschwand langsam Richtung Keller. Ich ahnte, dass sie etwas vorhatte, aber ich ließ sie ziehen.

Als sie zurückkam, war ich sprachlos. Sie ging direkt auf mich zu, ihre Bewegungen waren eine Mischung aus Eleganz und Provokation. Ihr Jäckchen war so weit geöffnet, dass ihre Brüste durch die transparente Bluse hervorschimmerten, und ihre hohen Absätze ließen ihre Beine noch länger wirken. Sie umarmte mich, suchte meine Lippen mit ihren und küsste mich leidenschaftlich. Dann spürte ich, wie sie mir etwas in die Hand drückte – ihren Slip.

Ihre Augen leuchteten, als sie sich langsam von mir löste. Ohne ein weiteres Wort drehte sie sich um, ging rückwärts zur kleinen Tanzfläche und begann, für mich zu tanzen. Ihre Bewegungen waren so sinnlich, dass ich für einen Moment vergaß, wo wir waren. Mit ihrer rechten Hand strich sie langsam über ihren Oberschenkel nach oben, ließ ihren Finger verführerisch an der Innenseite ihres Beins entlang gleiten und sah mich dabei an.

„Wow," sagte ich leise zu mir selbst. Sie war unglaublich.

Wir hatten nicht vor, an diesem Abend mehr als einen schönen Abend zu haben, zumindest nicht im Club. Aber ihre Performance, ihre Art, sich zu zeigen und doch nur für mich da zu sein, beeindruckte mich. Damals!

Ich wollte sie nur noch nach Hause bringen, so schnell wie möglich.

Auf der Heimfahrt war die Spannung zwischen uns fast greifbar. Sie konnte kaum stillsitzen, und auch ich hatte Mühe, meine Gedanken zu ordnen. Sobald wir zu Hause ankamen, gab es keine Zurückhaltung mehr. Wir stürzten uns aufeinander, als hätten wir uns wochenlang nicht gesehen.

In den folgenden Wochen spürte ich, wie Cynthias Lust, Grenzen zu sprengen, immer weiter wuchs. Ihre exhibitionistische Seite kam stärker zum Vorschein, und sie genoss es, sich zu zeigen, öffentlich, aber immer mit einem Hauch von Geheimnis. Sie war wieder ganz sie selbst, selbstbewusst, sinnlich und voller Lebensfreude. Und sie zeigte eine vollkommen neue Seite von ihr.

Ich vermutete, dass ihr Heilungsprozess und unsere gemeinsame Zeit vielleicht der Schlüssel zu dieser Verwandlung waren. Fasziniert liebte ich jede Facette an ihr, die sinnliche, die verspielte und die wilde Frau, die sich endlich wieder traute, ihre Leidenschaft auszuleben. Sie war wieder da, und sie war meine Frau.

Vorweihnachtszeit

Trotz ihres Auflebens, mir ihre Neigungen zu zeigen, die ich noch gar nicht kannte, war sie weiterhin in Behandlung und noch nicht wieder arbeitsfähig geschrieben.

Nach der Reha ging es für Cynthia mit einer Schmerztherapie weiter. Ihr Körper hatte über Monate hinweg so viele Schmerzen ertragen müssen, dass sie tief in ihrem Schmerzgedächtnis verankert waren. Ihr wurde also eine Therapie verordnet, um dieses Schmerzgedächtnis wieder zu löschen. Aber ich wusste, dass die Therapie nur erfolgreich sein konnte, wenn sie konsequent blieb.

Ich war besorgt, weil sie sich manchmal gehen ließ. Sie vernachlässigte ihre Krankengymnastik und wollte am liebsten gar nicht mehr zu den Terminen. Also kümmerte ich mich darum. Ich machte die Termine für sie, motivierte sie und achtete darauf, dass sie nicht aufgab. Ich habe sie oft gefragt, wie es ihr ging, wie sie mit den ausschleichenden Schmerzmitteln klar kam. Ich freute mich, wenn sie mir sagte, dass sie weniger Tabletten brauchte. Das war für mich ein Zeichen, dass wir gemeinsam auf dem richtigen Weg waren.

Zaghaft begann sie wieder mit einem Fitnessprogramm, vorsichtig, denn sie war ja weiterhin krankgeschrieben und wollte nicht von Kollegen gesehen werden. Doch ich sah, wie sie Stück für Stück zurück zu ihrem alten „Ich" fand.

Die Vorweihnachtszeit nutzten wir, um die Romantik unserer Beziehung zu feiern. Wir besuchten Weihnachtsmärkte, schlenderten Hand in Hand durch die beleuchteten Gassen, aßen Backfisch und tranken Glühwein. Es war eine magische Zeit.

Cynthia hatte mir einen Adventskalender gebastelt, jeden Tag ein kleines Geschenk. Einmal war es ein Buch, ein anderes Mal eine scharfe Chilipaste, weil ich ja scharfes Essen liebe. Dann wieder ein wunderschöner Bleistift, eine CD oder ein kleiner Liebesbrief, der mich morgens schon erröten ließ. Sie hat sich jeden Tag etwas Neues einfallen lassen. Ich konnte kaum erwarten, das nächste Türchen zu öffnen.

Wir genossen unsere gemeinsame Zeit. Es war ein Alltag voller Harmonie, geprägt von gegenseitiger Zuneigung und einer intensiven Leidenschaft. Egal ob es romantisch vor dem Kamin war oder leidenschaftlich im Bett, es fühlte sich immer so an, als würden wir uns zum ersten Mal lieben. Und das Beste war: Wir verstanden uns in allem blind.

So war zumindest meine Wahrnehmung!

Der Heilige Abend war etwas ganz Besonderes. Wir feierten mit meinem Sohn bei mir zu Hause, und an den Feiertagen waren wir bei Cynthia. Ihr Geburtstag kurz darauf war ein weiterer Höhepunkt, mein Sohn kam zu ihrer kleinen Feier. Es war sein erster Besuch bei ihr, und sie strahlte vor Freude.

Unser erstes Silvester sollte ein besonderer Jahreswechsel werden. Ich wollte ihr eine Überraschung machen, also buchte ich Tickets für einen Schwarz-Weiß-Ball in einem 5-Sterne Hotel. Es war ihr erster richtiger Ball, und sie war so aufgeregt.

Cynthia trug das „kleine Schwarze," dazu schwarze Strümpfe und ihre obligatorischen High Heels. Ich war in einem schwarzen Anzug, mit weißem Smoking-Hemd und Fliege. Wir sahen aus wie ein Traumpaar.

Cynthia kommentierte mein Aussehen: *„Wenn du so aussiehst, hole ich mir Konkurrenz ins Haus."* Aber an diesem Abend waren meine Augen nur auf sie gerichtet und ihre auf mich.

Wir tanzten die ganze Nacht. Unsere Tischnachbarn sagten, wir sähen aus wie ein Paar, das gerade erst frisch verliebt sei. Eine ältere Dame an unserem Tisch meinte sogar: „Ich sehe Ihr Glück in Ihrem Gesicht. So viel Glück sieht man selten." Das hat mich wirklich berührt.

Beim Feuerwerk um Mitternacht standen wir auf der Terrasse. Die Kälte machte uns nichts aus, wir küssten uns leidenschaftlich, wünschten uns ein gutes neues Jahr und flüsterten uns zu, wie sehr wir uns lieben.

Wir wünschten uns nicht nur ein gutes neues Jahr, sondern, dass dieses Glück „für immer" so sein wird. Und ich bin überzeugt, in diesem Moment haben wir wirklich beide daran geglaubt.

Im neuen Jahr war Cynthia endlich wieder auf dem Weg zurück ins normale Leben. Nach all den

Monaten des Stillstands, des Krankseins, des Wartens auf Heilung, war es ein großer Schritt für sie, wieder zu arbeiten. Sie wirkte entschlossener denn je, die Zeit der Krankheit hinter sich zu lassen.

Aber wie so oft im Leben lief nicht alles glatt. Ihr Auto, das seit Wochen in der Werkstatt war, wurde einfach nicht fertig. Es wanderte von einer Werkstatt zur nächsten, und niemand schien in der Lage zu sein, den Fehler zu finden. Ich übergab ihr meinen Autoschlüssel, und sie war dankbar dafür und antwortete: *„Ein solides Auto, aber nicht das, was Cynthia glücklich macht."*
Ihr Antwort verschlug mir die Sprache, aber ich erwiderte nichts. Ihre Antwort kam so emotionslos, als hätte ich gesagt: „ich essen nicht gerne Leberwurst".

Cynthia liebte die Optik. Ihr Auto, mit den 18-Zoll-Felgen, war nicht nur ein Auto, es war für sie ein Statement. Kollegen hatten es bewundert, und sie fühlte sich einfach wohl darin. Mein Auto war dagegen für sie ein Familienauto, praktisch, aber langweilig. Mir wurde bewusst, dass sie sich damit nicht wohlfühlte. Schließlich bat sie sogar ihren Sohn, nach einem neuen sportlichen Wagen Ausschau zu halten. Sie wollte wieder unabhängig und mobil sein, erklärte sie. Und ich verstand das. Cynthia war eine Frau, die sich in allem wohlfühlen will, ja unbedingt wohlfühlen muss, ob das ihre Kleidung ist, ihre Schuhe oder eben ihr Auto.

Nach wenigen Wochen hatte sie sich wieder im Berufsalltag eingefunden. Sie blühte richtig auf. Es war, als hätte sie einen Teil ihrer Identität zurückgewonnen, eine Identität, an die ich mich erst gewöhnen musste. Aber dafür war ich bereit. Ihre Kollegen nahmen sie mit offenen Armen auf, und sie stürzte sich voller Elan in neue Projekte.

Dann begann plötzlich etwas, dass ich vorher nicht kommen sah – ihre innere Unruhe.

Cynthia war jemand, der sich immer wieder selbst hinterfragte, das kannte ich vom Beginn unserer Bezeihung Jetzt stellte sie sich scheinbar die großen Fragen: Will ich dieses Leben? Will ich diese Beziehung? Sie hatte eine lange Zeit allein gelebt, sodass die Nähe, die wir hatten, plötzlich wie eine Bedrohung für ihre Unabhängigkeit wirkte - registrierte ich.

Sie erwähnte es nicht direkt, aber ich bemerkte es an kleinen Dingen. Sie schien in Gedanken versunken, zog sich plötzlich manchmal ein wenig zurück. Es war nicht so, dass sie mich scheinbar weniger liebte. Aber sie kämpfte offensichtlich manchmal mit sich selbst. Eines Tages, als wir gemeinsam auf dem Sofa saßen, fragte sie plötzlich: *„R., denkst du manchmal darüber nach, wie wir leben?"*

Ich war überrascht. Was meinst du damit genau, fragte ich sie.

„Naja, ich meine, ob wir so weiterleben wollen. Ob das... das Richtige für uns ist."

Ich nahm ihre Hand und lächelte. Für mich ist es das Richtige, sagte ich. Aber du musst das für dich entscheiden. Ich will nicht, dass wir so miteinander leben, nur weil es bequem ist. Ich will, dass wir wie seit unserem ersten Treffen leben, weil du glücklich bist.

Sie nickte, aber ich konnte sehen, dass meine Antwort ihre Frage nicht zufriedenstellte.

Unsere Zweisamkeit war leidenschaftlich, wild, manchmal zärtlich, manchmal fordernd. Aber es schien, Cynthia sehnte sich nach etwas, das sie nicht in Worte fassen konnte. Es ging um Freiheit, um Kontrolle, vielleicht auch um einen Teil ihrer Persönlichkeit, den sie nicht verlieren wollte. Sie ließ diese Themen immer häufiger anklingen.

Mir wurde immer bewusster, dass sie kämpfte, mit sich selbst und mit den Erinnerungen an ihre alten Beziehungen. Ihre Ehe hatte sie wohl geprägt, sagte sie. Und auch in den lockeren Beziehungen danach, in der sie so viel Freiheit hatte. Jetzt, mit mir, lebten wir ein enges, liebevolles Leben. Und ich spürte, sie war sich momentan nicht sicher, ob sie das auf Dauer ertragen wollte.

Trotz all ihrer Zweifel, trotz dieser inneren Kämpfe verbrachten wir wunderschöne Tage. Und ich wusste, dass sie unsere Gemeinsamkeiten schätzte, auch wenn sie sich selbst immer häufiger überzeugen musste.

Manchmal ist die größte Liebe nicht die, die keine Fragen aufwirft, sondern die, die wir wählen, obwohl wir sie hinterfragen.

Ohne jeden Übergang änderte sich etwas an Cynthia, es war, als hätte sie sich um 180 Grad gedreht. Alles, was wir aufgebaut hatten, die Nähe, die Liebe, die Harmonie, schien nicht mehr genug für sie zu sein. Und doch hielt sie noch daran fest. Aber in ihrem Inneren brodelte etwas, das ich nicht begreifen konnte.

Sie sagte Dinge wie: *„Ich will mehr fühlen. Ich will wissen, was es heißt, jemandem wirklich zu gehören."* Aber ich wusste nicht, wie ich darauf reagieren sollte. Ich dachte, wir hatten alles, was eine Beziehung ausmacht, Leidenschaft, Respekt, Abenteuerlust.

Cynthia begann SM-Bücher zu lesen, und sie erzählte mir offen davon. Es verlangte sie nach mehr, nach mehr das ich nicht begriff - noch nicht. Bis sie mir nur wenige Tage später eröffnete: Sie brauche nicht mehr Liebe oder Zuneigung, sondern etwas, das mich schockierte. *„Sie wolle benutzt werden. Sie wolle Demut spüren, Grenzen überschreiten, sich überwinden."* Es war, als hätte sie eine neue Seite, eine dritte Seite für mich, in sich entdeckt, von der ich nichts wusste, oder bisher nichts wissen durfte.

Sie wollte nicht nur meine Geliebte sein. Wollte sie jetzt meine „Sklavin" sein? Aber sie sagte es nicht direkt. Es waren Andeutungen, Blicke, Worte, die mir erst viel später klarwurden.

Ich hörte, wie sie immer mehr über diese Gedanken sprach, manchmal voller Sehnsucht, manchmal voller Verzweiflung. Sie identifizierte sich mit den Frauen in den Büchern, die sie las: Eheh****, Sklavinnen, Frauen, die ihre Freiheit aufgaben, um in der Unterwerfung Erfüllung zu finden. *„Und sie frage sich, ob sie all das jemals erleben könnte, oder ob sie dafür die falsche Beziehung gewählt hatte."*

Cynthia war plötzlich innerlich zerrissen. Sie wusste, dass unsere Beziehung alles hatte, was sie sich früher gewünscht hatte. Sie sagte selbst, dass ich sie zur „glücklichsten Frau der Welt" gemacht hätte, als sie meiner Hilfe bedurfte. Aber sie wollte mehr, sie wollte Disziplin, Schmerz, Erniedrigung. Sie wollte, dass ich sie führe, bestrafe, sie in eine Welt entführe, die für mich fremd war, nicht so fremd für sie selbst.

Sie fragte mich, ob ich ihre Andeutungen überhaupt verstanden hatte. Ob ich überhaupt der Mann war, der ihr diese verborgenen Sehnsüchte erfüllen konnte. Und währenddessen war ich in dem Glauben, dass ich alles richtig machte, dass unsere Wochenendausflüge, die Konzerte, die Museumsbesuche, die gemeinsamen Stunden im Bett, genug waren. Aber für sie war ich nur *„zu gut, zu lieb, zu respektvoll, zu normal."*

„Sie frage sich, ob ich überhaupt geeignet wäre, sie bedingungslos zu unterwerfen. Ob es tatsächlich ihre Erfüllung sein könnte, benutzt, vorgeführt und erniedrigt zu werden. Aber diese Zweifel hielten sie nicht davon ab, sie will es wissen. Sie wolle es erleben, unbedingt. Ich bin bei meinem letzten Partner auf den Geschmack gekommen."

Ich wusste und war mir sicher, ich würde ihr das niemals geben können.

Meine Stimme wurde leiser, als ich sagte: In

deinem Kopf tobt ein Sturm.

Und ich? Ich stand daneben und konnte nur zusehen, wie sie sich immer weiter in diesen Gedanken verlor. Ich wollte sie glücklich machen, mehr als alles andere. Aber ich begann, zu ahnen, dass ihre Definition von Glück eine andere war, die ich vielleicht nicht erfüllen konnte. Ja, ganz sicher nicht erfüllen konnte!

Gefesselt

Ihre Arbeitswoche war wieder einmal fordernd gewesen, im Dienst hatte sie Ärger mit den Kollegen, die Wahl der Gleichstellungsbeauftragten musste organisiert werden und sie wollte wieder kandidieren. Ihre Erklärung verstörte mich:

„Die Gleichstellung von Mann und Frau im Beruf ist mir wichtig, ich ärgere mich maßlos über das primitive Machogehabe mancher Kollegen, die Überheblichkeit der Männer in meinem beruflichen Umfeld, ... ja selbst die Überheblichkeit meines Sohnes, ... ich muss erwähnen, dass ich nie mit so einem Mann wie meinem Sohn in einer Beziehung leben könnte, und habe bisher alle Mädels bedauert, die sich mit ihm einließen, und in meinem beruflichen Umfeld ist es nicht anders.

Liegt es daran, dass diese Männer im privaten Umfeld nichts zu vermelden haben? Ich bin überzeugt, ein sexuell dominanter Mann hat es nicht nötig, im Beruf dominant aufzutreten, oder er ist ,naturdominant', dann könnte er ein Traummann für mich sein. Gleichstellung im Bett erregt mich nicht, befriedigt mich in keiner Weise mehr. Und ich schätzte diesen Bruch meiner Neigung, zumindest derzeit in meiner Phantasie, einerseits Gleichstellungsbeauftragte zu sein und anderseits in sexueller Hinsicht die Unterwerfung zu suchen. Wie würden meine Kolleginnen und Kollegen reagieren, würden sie davon wissen?

Ich werde wohl meine Leidenschaft immer hinter einer Maske verstecken, meine Kinder, meine Mutter, meine beste

Freundin, meine Kollegen, alle die mich aus meinem öffentlichen Engagement kennen, würden mich nie verstehen. Ich muss meine Leidenschaft im Verborgenen ausleben."

Die plötzliche Selbstreflexion und der Wandel

Es war ein Winter voller Widersprüche. Cynthia war wieder gesund, äußerlich strahlte sie Stärke und Lebensfreude aus, doch in ihrem Inneren tosten Kämpfe, die sie zu erdrücken schienen.

„Die Winterzeit war für mich immer schwierig gewesen." Sie hatte es mir mehrmals erzählt, dass sie diese Zeit als besonders emotional empfand, nachdem ihre Kinder erwachsen und ausgezogen waren, und sie plötzlich eine Leere spürte. Wir hatten jetzt uns, aber für sie war das nicht mehr genug. Sie sprach von Familie, von Geborgenheit, und ich spürte, dass diese Sehnsüchte nur vorgeschoben waren, sie sich nach etwas sehnte, was ich ihr bisher scheinbar nicht gegeben hatte.

„R., du bist so zärtlich", sagte sie eines Abends, *„du willst immer, dass ich mich wohlfühle, dass ich lache, dass ich mich geliebt fühle. Aber ich frage mich, ob ich nicht manchmal etwas anderes brauche. Etwas, das mich zwingt, mich selbst zu überwinden."*

Diese Worte haben mich getroffen, als hätte sie mir eine Ohrfeige verpasst. Sie war die Frau, die ich auf Händen tragen wollte, der ich zeigen wollte, dass Liebe immer sanft und respektvoll sein kann. Und jetzt saß sie da und sprach von etwas, das alldem zu widersprechen schien.

Ich hatte einiges über ihre Kindheit erfahren, und das Bild, das sie mir zeichnete, war erschütternd. Sehr strenge Eltern, ständige Strafen, ein permanentes Gefühl des Nicht-Genügens. Sie erzählte mir, wie sie stundenlang vor ihrem Teller saß, weil sie sich weigerte, das zu essen, was man ihr vorgesetzt hatte. *„Und weißt du, was mich am meisten verstört hat?*

Ich frage mich selbst, ob ich diese Bestrafungen insgeheim genossen habe?"

Das war es, was mich so sehr irritierte. Nicht, dass sie nur mich hinterfragte, sondern dass sie sich selbst ebenso hinterfragte. Sie überlegte, ob all das Leid, das sie in ihrer Ehe, in ihrer Kindheit erfahren hatte, vielleicht genau das war, wonach sie sich unbewusst sehnte. Sie sagte einmal zu mir: *„Vielleicht bin ich schon immer so gewesen. Vielleicht wollte ich immer bestraft werden."*

Kleinigkeiten fielen mir plötzlich immer häufiger auf. Ihr Zähltick, den sie plötzlich erwähnte, und auch demonstrierte. Wir gingen irgendwo eine Treppe hinauf. Oben angekommen sagte sie: *„42 Stufen"*. Ihr zunehmender Zweifel an unserer Beziehung, obwohl sie mir im nächsten Moment immer wieder versicherte, dass sie mich liebte. Sie stellte fest: dass ich sie nur auf Händen tragen wollte,... *„weil sie mir so viel gegeben habe"*.

Aber dann frage sie sich selbst, ob sie sich überhaupt tragen lassen wollte. Ob sie es überhaupt verdiene?

Es gab Tage, an denen ich dachte, wir hätten alles.

Und dann gab es diese Momente, in denen ich spürte, dass sie innerlich weit weg war. Sie sprach immer öfter von ihrer Ehe, von den Schmerzen, die ihr Exmann ihr zugefügt hatte. *„Ich habe gelitten wie ein Hund"*, sagte sie einmal. Aber dann fügte sie hinzu: *„Und vielleicht habe ich das gebraucht."*

Was mich am meisten verletzte, war nicht, dass sie sich nach etwas anderem sehnte. Es war die Tatsache, dass sie uns in Frage stellte. Sie frage sich, *„ob sie jemals wirklich glücklich sein könnte. Vielleicht kann ich keine einfache, harmonische Beziehung führen"*? *„Vielleicht brauche ich den Schmerz, das Drama, die Zerrissenheit."*

Ich liebte sie auch in diesen Momenten noch sehr. Und ich wollte sie retten, vor ihren Zweifeln, vor ihrer Vergangenheit, vor sich selbst. Aber zunehmend hatte ich das Gefühl, dass sie das gar nicht wollte. Dass sie in diesem inneren Konflikt lebte, weil er ihr ein Gefühl von Kontrolle gab. Ich wusste nicht, ob ich sie jemals überzeugen könnte, dass Liebe auch ohne Schmerz existieren kann.

„Du liebst mich, bedingungslos, und genau diese Liebe suchte ich doch auch, oder doch nicht?

Fehlte mir doch „Etwas", ich fühle mich wie in einem wunderschönen Tal, weiß nicht was hinter dem Horizont liegen wird, es könnte das „Paradies" oder die „Hölle" sein, auf alle Fälle „unbekanntes Land".

„Dunkles Land?"

„Verruchtes Land?"

„Qualvolles Land?"

„Schmerzhaftes Land?"

„Versklavtes Land?"

„Hollywood, Show, Glamour, seelische Ausbeutung?"

Was sollte ich darauf antworten? Ich wusste es nicht!

Cynthia hatte sich innerhalb weniger Wochen in ein Rätsel verändert, das sich von mir nicht lösen ließ. Sie lebte jetzt in einem ständigen Zwiespalt. An einem Tag genoss sie unsere Beziehung, unsere Harmonie, die Stabilität, die ich ihr gab. Aber gleichzeitig schien sie eine Leere in sich zu spüren, die ich nicht füllen konnte oder die sie vielleicht selbst nicht genau verstand.

Sie wiederholte mehrmals, wie sehr sie es schätzte, dass ich „so konservativ" sei. Dass ich dieses ruhige, beständige Leben führte, in dem sie sich sicher und geborgen fühlte. Mein Reihenhaus, mein Familienauto, meine klassische Garderobe, all das war für sie ein Symbol für ein Leben ohne Chaos, ohne Drama, ohne Unsicherheit. Aber genau das schien sie auch zu hinterfragen. Es war, als ob sie sich selbst fragte, ob sie sich damit zufriedengeben konnte.

Sie erwähnte einmal, dass sie mich dafür bewunderte, dass ich so bodenständig war, und gleichzeitig beneidete sie mich dafür, dass ich mit dieser Bodenständigkeit zufrieden war. „Du lebst so, wie du es möchtest", sagte sie. „Und du hast Frieden damit gefunden. Aber ich weiß nicht, ob ich das jemals kann."

Ich war immer noch überzeugt, dass sie mich

liebte. Und sie wusste, dass ich sie liebte. Aber sie stellte diese Tatsachen trotzdem in Frage. Ob unsere „verruchte Zweisamkeit", wie sie es nannte, ausreichen würde, um ihre Sehnsüchte zu stillen. Sie wollte mehr. Nicht nur mehr von mir, sondern mehr vom Leben.

Sie sprach jetzt nahezu täglich davon, was sie sich wünschte. *„Ich will Grenzen überschreiten!" „Ich will Neues erleben, andere Seiten von mir entdecken!"*

Vermutlich stellte sie sich all diese Fragen: Ist das Leben, das wir führen, wirklich das, was sie wollte? Könnte sie sich mit einem Mann wie mir, mit meinem Reihenhaus, Familienkutsche, meiner klassischen Art, wirklich zufriedengeben? Oder suchte sie etwas, das ich ihr nicht bieten konnte, Geld, Glamour, Ansehen?

Sonntags früh im Bett:

„Du bist alles, was ich mir von einem Mann wünsche. Du bist aufmerksam, respektvoll, liebevoll. Du gibst mir Sicherheit und Geborgenheit. Aber manchmal frage ich mich, ob das genug ist. Ob ich nicht etwas anderes brauche, um wirklich glücklich zu sein."

Sonntags Abend im Bett:

Die gleichen Sätze.

Das tat weh. Nicht nur, weil sie es so meinte, sondern weil ich wusste, dass sie selbst keine Antwort auf diese Fragen hatte.

Ich erkannte, seit Cynthia wieder geheilt war. War sie eine Frau, die in zwei Welten lebte? Eine Welt, in der sie sich nach Stabilität und Liebe sehnte. Und eine andere, in der sie sich danach verzehrte, ihre Grenzen zu sprengen, ihre tiefsten Sehnsüchte zu erkunden. Und ich? Ich stand zwischen diesen beiden Welten, versuchte ihr alles zu geben, was ich konnte, während ich spürte, dass sie immer auf der Suche war, nach sich selbst.

Und nur ein, zwei Tage später, wir lagen auf der Couch, ich war hundemüde, sinnierte sie erneut vor sich hin:

„Wer erniedrigt mich endlich wieder? So wie meine Eltern mich als Kind erniedrigten, wie mich mein Mann am Ende meiner Ehe erniedrigte, wie ich mich selbst erniedrigte? Welcher Mann erniedrigt mich endlich?

Wirst Du es sein?"

Was wollte sie mir damit sagen, vielleicht sogar ankündigen?

Ich antwortete nicht darauf.

Spieglein, Spieglein, ...

Und immer augenfälliger bemerkte ich, dass ihre ganz neue Seite von ihr noch intensiver zum Vorschein kam.

Als ich die Haustür öffnete, war es, als hätte ich einen anderen Raum betreten. Nicht mein gewohntes, ruhiges Zuhause, sondern eine Bühne, und Cynthia stand darauf. Sie war die Hauptdarstellerin, und sie wusste es. Da stand sie, vor dem großen Spiegel im Flur, mit ihrem knallroten Bolerojäckchen in der Hand, ihre rote Lippenfarbe frisch nachgezogen, ein Hauch von Verwegenheit auf ihren Lippen. Ihr kurzer Lederrock saß wie eine zweite Haut, ihre Beine waren makellos, endlos, perfekt in Szene gesetzt von schwarzen Strümpfen und Stilettos, die allein schon Bände sprachen.

Es war nicht nur ihr Aussehen, es war ihre Ausstrahlung. Sie hatte dieses unerschütterliche Selbstbewusstsein, diese Aura, die sagte: Ich bin hier, ich bin bereit, und ich weiß, was ich will.

Aber da war auch etwas anderes, etwas Tieferes. Etwas Herausforderndes, fast Provokatives. Als ob sie testen wollte, wie ich reagieren würde. Und ich? Ich konnte nicht anders: Ich war fasziniert.

Ich sah sie an und dachte: Das ist nicht nur die Frau, die ich liebe. Das ist eine Frau, die die Welt in ihren Händen halten könnte, wenn sie es wollte.

Ihr Busen zeichnete sich durch das weiße, durchsichtige Shirt ab, ihre Brustwarzen standen vor Erregung, und ich wusste, dass sie sich selbst im Spiegel betrachtet hatte, sich selbst bewunderte. Und ich konnte es ihr nicht verdenken. Sie sah aus wie eine Göttin, wie eine Femme fatale, die ihre Macht über sich selbst und jeden Mann im Raum erkannte.

Du siehst ganz einfach nur umwerfend aus, waren die ersten Worte, die ich hervorbrachte. Und ich meinte es so. Jedes Wort. Sie drehte sich zu mir um, ihr Blick war direkt, ihre Lippen leicht gespitzt. Sie genoss es, dass ich sie so sah. Dass ich von ihrer Erscheinung überwältigt war. Ich nahm sie in den Arm, küsste sie, spürte die Hitze, die von ihr ausging, die Spannung, die in der Luft lag. „Hallo, mein Schatz", sagte ich. Sie lächelte, aber es war kein schüchternes Lächeln, es war selbstbewusst, ein Lächeln, das sagte: „Ja, ich weiß, dass ich umwerfend aussehe."

Und dann fragte ich: Ready to go?

Und sie nickte. Aber in diesem Moment wusste ich, dass sie schon längst „ready" war. Nicht nur, um aus dem Haus zu gehen, sondern um die Welt zu erobern, und um mich immer wieder in den Bann ihrer unergründlichen Weiblichkeit zu ziehen.

Club Schiava II

Cynthia hatte es mal wieder in den Sinn bekommen: Ein Abend in „unserem" Club – oder besser gesagt „ihrem" Club, denn sie war diejenige von uns beiden, die diesen Ort jetzt wie ein zweites Wohnzimmer betrachtete. Kaum hatte sie den Vorschlag gemacht, war ich ebenso Feuer und Flamme - weil sie es wollte! Ich konnte die Vorfreude in ihrer Stimme hören, diesen Hauch von Verspieltheit, der ihre Augen immer so strahlen ließ, wenn sie sich auf etwas Besonderes freute. Natürlich sagte ich ja. Wie könnte ich auch nein sagen? Schon beim Gedanken daran, was uns erwarten würde, spürte ich ein wohliges Kribbeln unter meiner Haut.

Als wir ins Auto stiegen, hatte ich das Gefühl, dass die Kälte des Abends sich nicht an uns wagte. Ich sah sie an, die sanfte Eleganz, mit der sie sich bewegte, der Hauch von Geheimnis in ihrem Lächeln. Cynthia hatte diese ganz besondere Fähigkeit, einen Raum, oder in diesem Fall ein Auto, mit purer Präsenz zu füllen. Die Fahrt zum Club war wie ein Vorspiel, eine wachsende Spannung, die sich in den kleinen Momenten zwischen uns aufbaute. Jeder Blick, jede Berührung ihrer Hand auf meinem Oberschenkel ließ mein Herz schneller schlagen. Ich liebte sie nicht nur, ich bewunderte sie, diese Mischung aus Selbstbewusstsein und Hingabe, die sie ausstrahlte, war unbeschreiblich.

Während ich fuhr, glitten meine Gedanken zurück zu früheren Nächten mit ihr. Wie intensiv diese Momente waren, wenn ich sah, wie sie sich völlig hingab, demütig, was ich erst später erkannte, und doch voller Stolz. Sie zeigte gelegentlich eine rohe Schönheit, die mich unweigerlich faszinierte und auch irritierte, jedoch gleichzeitig eine Selbstverliebtheit, die auch erregte. Inzwischen war es anders. Sie suchte nicht nur die Lust, sie wollte ein gemeinsames Abenteuer, ein Tanz aus Vertrauen und Hingabe, den wir zusammen wagen sollten. Und sie genoss ihr Wirkung auf die Menschen um sie herum, die sie als Zuschauer beobachteten.

Als wir am Club ankamen, war die Eingangstür noch verschlossen, die Straßenbeleuchtung spiegelte sich auf dem nassen Asphalt, und die Luft war schneidend kalt. Wir blieben erst einmal im Auto sitzen, während um uns herum die Szene zum Leben erwachte. Nach und nach kamen weitere Paare an, ihre Silhouetten im Scheinwerferlicht, ihre Bewegungen zielgerichtet, fast rituell. Schließlich stiegen wir aus und reihten uns vor der Tür ein, Seite an Seite mit Fremden, die doch irgendwie keine Fremden waren. Alle trugen einen Mantel, einen Schal, etwas, das sie in der Kälte wärmte, doch die High Heels und eleganten Schuhe sprachen Bände darüber, was sich darunter verbarg. Es war, als hätten wir alle ein stillschweigendes Abkommen: Hier waren wir keine Nachbarn, keine Kollegen, keine Bekannten aus dem

Alltag. Hier waren wir wir selbst, frei von Rollen und Erwartungen.

Cynthia lehnte sich leicht gegen mich, als wir warteten, ihr Kopf an meiner Schulter, und ich spürte ihre Wärme durch unsere Kleidung hindurch. *„Ich liebe diese Momente"*, flüsterte sie, und ich nickte nur. Was hätte ich auch sagen können? Alles an ihr, an uns, fühlte sich in diesem Moment vollkommen an.

Endlich öffnete sich die Tür, und wir traten ein, die warme Luft des Clubs empfing uns wie eine Umarmung. Die Garderobe war unsere erste Station, ich half ihr aus ihrem Mantel, und darunter kam ihr Outfit zum Vorschein: Heute ein schwarzer, figurbetonter Body, der ihre Kurven perfekt in Szene setzte, kombiniert mit ihren ikonischen roten High Heels. Sie war eine Vision, eine Göttin, und ich war stolz, an ihrer Seite zu sein.

Wir suchten uns einen Platz an der Bar, eine Ecke, von der aus wir das Geschehen gut beobachten konnten. Der Club war gut gefüllt, die Atmosphäre elektrisierend. Wir bestellten Rotwein, und während wir tranken, streifte meine Hand wie zufällig über ihren Oberschenkel, eine leise Erinnerung daran, dass dieser Abend uns gehörte. Doch genauso sehr, wie wir uns aufeinander konzentrierten, ließen wir unsere Blicke über die Menge schweifen. Sehen und gesehen werden, das war das unausgesprochene Gesetz dieses Ortes.

Besonders fielen uns zwei Paare auf. Die Frau des einen Paares hatte langes, blondes Haar, das in weichen Wellen über ihre Schultern fiel. Sie trug ein elegantes Brustgeschirr und ein Halsband, das wie ein Schmuckstück wirkte. Ihr Partner war kleiner, schmaler, mit einer schwarzen Lederhose und einem passenden Hemd. Ein wenig ungepflegt vielleicht, nicht mein Geschmack, aber die Dynamik zwischen den beiden war faszinierend. Das zweite Paar war harmonischer, als ob sie füreinander gemacht waren. Sie bewegten sich mit einer Leichtigkeit, die verriet, dass sie solche Abende oft zusammen verbrachten.

Plötzlich durchbrach ein Schrei die Geräuschkulisse. Kurz, aber intensiv zog er die Aufmerksamkeit aller auf sich. Cynthia sah mich an, ein wissendes Lächeln auf ihren Lippen, während sie einen Schluck Rotwein nahm. „Es beginnt", flüsterte sie, und ich wusste, dass dieser Abend noch viel für Cynthia bereithalten würde.

Unterschwellig spürte ich bereits, wie unserer Beziehung langsam an ihren Bedürfnissen zerbrach, ohne dass ich es in diesem Moment wirklich wollte.

Die Nacht hätte wie jede andere sein können. Wir waren zusammen im Club gewesen, hatten getanzt, gelacht, uns nah gefühlt. Es war ein aufregender Abend, aber auch ein ungewöhnlicher. Ich erinnere mich noch, wie ich mit Cynthia im Bett lag, ihr einen langen Kuss gab, das Licht löschte und leise zu ihr sagte: Schlaf gut, mein Schatz. Ich liebe Dich so sehr. Es waren Worte, die ich in dieser Phase unserer Beziehung jeden Abend sagte, ohne zu ahnen, dass diese

Nacht anders war.

Sie antwortete: *„Ich Dich auch."*

Nicht mehr: „Ich liebe Dich auch".

Es war kurz, fast beiläufig. Und ich bemerkte es nicht. Nicht in diesem Moment. Ich dachte, sie sei müde, erschöpft vom Tag und den Eindrücken des Clubs. Vielleicht war sie einfach in Gedanken. Aber was ich in diesem Moment nicht wahrnahm: Diese drei Worte, oder vielmehr das Fehlen des vierten Wortes, war ein stilles Signal. Ein Bruch.

Sie hatte mir einmal erzählt, dass sie in ihrer letzten Beziehung, in den letzten Jahren mit ihrem Ex-Partner, nie mehr gesagt hatte: „Ich liebe Dich." Stattdessen hätte sie immer mit: „Ich Dich auch" geantwortet. Für sie wäre das damals der Moment gewesen, als ihre Gefühle erloschen waren. Aber in dieser Nacht, als sie es zu mir sagte, dachte ich nicht an diese Geschichte. Es hätte mir auffallen müssen, aber ich war blind vor Vertrauen, blind vor Liebe. Zu meiner Entschuldigung, vielleicht auch zu müde.

Cynthia lag wohl noch lange wach. Während ich schlief und davon überzeugt war, dass wir nach wie vor glücklich waren, ließen sie die Bilder aus dem Club nicht los. Die Blonde und ihr Mann. Ihre Dynamik, ihre Leidenschaft, die unausgesprochenen Machtspiele, die sie miteinander verbanden. Cynthia wollte das. Nicht mich, nicht meinen liebevollen, fürsorglichen Blick oder die Art, wie ich sie sanft berührte. Sie wollte etwas anderes. Sie wollte Lust, die ihre Grenzen sprengt. Sie wollte Dominanz, bedingungslosen Kontrollverlust. Und in dieser Nacht, während ich ahnungslos schlief, beschloss sie wohl, unsere Beziehung zu beenden.

Vermutlich erkannte Cynthia in diesem Moment, dass sie keinen Mann wollte, der sie liebte und beschützte. Sie wollte keinen Mann, mit dem sie eine Zukunft aufbauen konnte, keine Sicherheit, keine Geborgenheit. Sie wollte das Gegenteil. Einen Mann, der sie beherrschen würde. Ohne Wenn und Aber. Und sie wusste, dass ich dieser Mann nicht war, niemals sein werde. In dieser Nacht entschied sie, dass unsere Geschichte bald enden würde. Und ich hatte in dieser Nacht keine Ahnung davon.

Sie schrieb es mir erst später, als unsere Beziehung zerbrochen war.

Manchmal sieht man den Moment, in dem alles zerbricht erst, wenn es schon längst vorbei ist.

Chance

Cynthia schrieb mir später, wie sie die wenigen letzten Wochen unserer Beziehung empfunden hatte. Ihr Brief war ein schmerzhaft offener Einblick in ihre Gedankenwelt und die stille Distanz, die sich zwischen uns aufgebaut hatte, ohne dass ich es bewusst bemerkt hätte.

„Vor ein paar Wochen hätte ich fast die perfekte Gelegenheit gehabt, unsere Beziehung still und ohne Drama zu beenden. Du bekamst ein Angebot, kurzfristig für vier Monate dienstlich nach Florida zu gehen. Ich ermunterte dich sofort, diese Chance wahrzunehmen. Es klang so vernünftig, so voller Unterstützung, aber in Wahrheit war es eine Einladung, die Entfernung zwischen uns zu nutzen, um mein Leben neu auszurichten, ohne dich.

Schatz, ich laufe Dir doch nicht davon, erklärte ich dir, fast beiläufig, obwohl ich in meinem Inneren genau wusste, dass ich bereits auf dem Weg war, fortzulaufen.

Das weiß ich doch, dessen bin ich mir auch sicher, antwortetest Du mir, mit dieser festen Überzeugung, die du immer hattest, wenn du über uns sprachst. Du glaubtest an unsere Beziehung, an mich, an uns. Und das machte alles so viel schwerer.

Ich kann ja versuchen, meinen Urlaub vorzuziehen und Dich besuchen, fuhr ich fort, ohne wirklich daran zu glauben.

Deine Antwort war: Vielleicht im nächsten Jahr. Ich

denke, dann könnten wir in Deinen Sommerurlaub mit ein-
planen. Klingt gut, oder?

Ich nickte nur, während mein Inneres ein leises Lachen
ausstieß. Du verstandest es nicht, dass ich diese Chance für
mich herbeigesehnt hatte, nicht für uns. Es sollte mein
sauberer Ausstieg werden, ein Weg, meine Sehnsucht nach
einem anderen Leben, einem anderen Mann, einer anderen
Art von Lust zu verfolgen, ohne dich zu sehr zu verletzen."

Einige Tage später, als wir abends zusammen auf
der Couch saßen, verkündete ich ohne Vorwarnung:
Ich habe heute das Angebot vier Monate nach Florida
zu gehen abgesagt.

Ich sah, wie sie sichtlich erschrak: *„Was hast Du*
abgesagt?"

Naja, Florida. Vier Monate nach Tampa zu gehen.

Sie versuchte, nicht zu überrascht zu wirken. *„Ist*
das Dein Ernst? Diese Chance?"

Ja, klar. Macht mir nichts aus, mein Schatz, sagte
ich, als ob es die einfachste Entscheidung der Welt
gewesen wäre. Aber für Cynthia war es wohl wie ein
Schlag in ihre Magengrube, ihre mühsam vorbereitete
Flucht war gescheitert.

Dies wurde mir aber erst klar, als sie mir später,
nach dem Bruch den oben zitierten Brief schickte.

„Wie macht Dir nichts aus?" fragte sie, bemüht, ihre
Verwunderung zu verbergen.

Schatz, wir sind jetzt seit guten sieben Monaten
zusammen. Ich genieße jede Minute mit Dir. Jeden
Tag, jede Nacht. Ich lächelte dabei, denn ich wollte

ihr damit sagen, dass ich es wirklich ernst meinte. Ich will darauf nicht verzichten. Du bist mir wichtiger als Florida. Viel wichtiger.

Im Nachhinein wurde mir klar, sie schluckte schwer daran. Während ich weitersprach, dachte sie nur an die Freiheit, die ihr nun auf einem einfachen Weg verwehrt war.

Ich sprach von meiner Zeit in New York, von meinen Erinnerungen an die USA, aber Cynthia hörte nicht mehr hin. Sie hatte wohl gehofft, dass ich diese berufliche Gelegenheit unbedingt ergreifen würde, nicht nur für mich, sondern auch für sie. Jetzt saß sie hier, in meiner Nähe, und wusste, dass ihr Plan, der sich fast ohne ihr Zutun eröffnet hatte, gescheitert war.

Ihre Worte hätten mich eigentlich beruhigen sollen. Sie hätten mir zeigen sollen, wie sehr sie mich liebte, wie bereit sie war, ihr Leben für uns beide zurückzunehmen, für meinen Beruf. Aber irgendetwas in ihrer Stimme, in ihrem Blick, ließ mich stutzen. Es war, als ob sie sich bemühte, etwas zu verbergen. Als ob hinter den scheinbar liebevollen Worten eine andere Wahrheit lauerte.

Ich spürte, dass etwas nicht stimmte. Ich wusste aber nicht, warum ich dieses Gefühl verspürte. Cynthia war eine Frau, die ihre Sehnsüchte nicht leichtfertig verbarg. Ihre Wünsche waren für mich oft wie ein offenes Buch, auch wenn ich manchmal gezögert hatte, wirklich hineinzusehen. Doch jetzt merkte ich, dass da eine Distanz zwischen uns gewachsen war. Eine unsichtbare Mauer, die sie errichtet hatte, während ich vielleicht zu beschäftigt war, ihre Welt um sie herum stabil und sicher zu halten.

Ich habe immer geglaubt, dass ich Cynthia alles geben könnte, was sie braucht. Liebe, Fürsorge, Aufmerksamkeit, alles, was ein Partner geben sollte. Aber jetzt, in diesem Moment, war mir klar, dass es da etwas gab, was ich ihr nicht geben konnte. Nicht weil ich nicht wollte, sondern weil ich nicht einmal verstand, was es war.

Cynthia war nicht die Frau, die sich in einer komfortablen, beständigen Beziehung einfach fallenließ. Sie brauchte mehr, dieses Unkontrollierbare, das Wilde, das sie beflügelte, vielleicht auch das Dunkle, das ihr Angst machte und sie zugleich anzog. Und während ich bisher dachte, dass ich ihr all das würde geben könnte, zumindest ausreichend geben könnte, wusste ich jetzt: Das konnte ich nicht. Nicht so, wie sie es brauchte.

Später erfuhr ich, was sie in jener Zeit geplant hatte. Sie hatte gehofft, meine bevorstehende Geschäftsreise nach Florida zu nutzen, um sich von mir zu lösen. Leise, langsam, ohne große Dramen. Sie wollte die Distanz zwischen uns nutzen, um nachzudenken, sich zu orientieren, ihre Freiheit zurückzugewinnen, nicht nur die äußere, sondern auch die innere. Und ich verstand. Es ging nicht um fehlende Liebe, nicht um meine Fehler. Es ging um sie. Um das, was sie suchte, und das, was sie glaubte, in mir nicht finden zu können.

Doch etwas hatte sie in letzter Sekunde umgestimmt. Vielleicht die Angst vor dem Alleinsein, vielleicht die Erkenntnis, dass ein Abschied nicht so einfach ist, wie man ihn sich ausmalt. Oder vielleicht auch ein Rest von Hoffnung, dass wir einen Weg finden könnten, uns doch näherzukommen. Sie blieb – zumindest vorerst. Aber ich ahnte: Diese Entscheidung war keine endgültige. Es war ein Zögern, ein Aufschub, mehr nicht.

Ich sah sie an jenem Abend lange an, als wir gemeinsam zu Abend aßen. Ihre Augen waren klar, ihr Lächeln warm, aber da war etwas, das mich traurig machte. Nicht weil sie mich nicht mehr so liebte wie noch vor wenigen Wochen. Sondern weil ich spürte, dass ihre Welt eine andere war als meine, und dass sie ihre eigene Sprache sprach, die ich vielleicht niemals ganz verstehen würde.

Später las ich ihren Brief viele Male und fühlte die Kälte, die sich in ihre Worte geschlichen hatte. Es war nicht nur die Sehnsucht nach einer anderen Welt, die sie quälte, sondern auch die Erkenntnis, dass ich dieser Mann, den sie suchte, nicht sein sollte.

Vermutlich war ich nie dazu bestimmt gewesen.

Wir wollten dem Fasching entfliehen, so hatten wir schon vor vielen Wochen beschlossen. Dem lauten Feiern und den Menschen, die uns in unserer Stadt und unserem Dorf kannten. Cynthia, als Gleichstellungsbeauftragte und Mitglied des Personalrats, war ohnehin eine bekannte Persönlichkeit. Sie hatte die richtige Idee: wegfahren, dorthin, wo uns niemand kennt, und den Fasching einfach umgehen. Wir entschieden uns für die Nordsee und verbanden die Reise mit einem Besuch bei alten Freunden von mir. In Hamburg wollten wir zudem ein wenig Nachtleben genießen und hatten uns dafür ein paar Clubadressen notiert, die wir jedoch nicht aufsuchten.

Die Fahrt war lang, aber angenehm. Ich fühlte mich glücklich, Cynthia an meiner Seite zu haben. Sie zeigte echtes Interesse an meinen Erzählungen über meine Zeit, als ich in Schleswig-Holstein wohnte, dort, wo meine Karriere begann und ich heiratete. Für mich war diese Zeit ein Kapitel, das ich abgeschlossen hatte. Ein aufregender, aber vergangener Teil meines Lebens. Doch Cynthia wollte mehr hören, mehr sehen, und so zeigte ich ihr Fotos auf meinem Tablet, wenn sie danach fragte. Sie war beeindruckt, besonders von einem Bild, auf dem ich durch die Schneeschluchten im Jahr des „Großen Schnee" stapfte. Sie liebte es so sehr, dass sie es als Hintergrundbild auf ihrem PC haben wollte. Es tat mir gut, dass sie diesen Teil meiner Vergangenheit bestaunte. Aber andererseits spürte ich auch, dass sie sich emotional von mir entfernte. Ihre Augen leuchteten weniger, anteillos, wenn sie mich ansah, und ihre Berührungen hatten nicht mehr die Vertrautheit, die ich so liebte.

Als wir an der Nordsee ankamen, wurden wir von meinem Freund herzlich begrüßt. Wir kannten uns seit über 40 Jahren, und seine Worte waren warm und aufrichtig: „Wer immer an R.s Seite ist, gehört zu unserem Kreis, wie er selbst." Ich sah, wie Cynthia sich bemühte, in die Rolle der charmanten Partnerin zu schlüpfen, und sie machte das gut. Doch ich spürte gleichzeitig die Distanz in ihr, auch wenn sie versuchte sie gut zu verstecken.

Am nächsten Tag zeigte ich ihr die Stadt und die raue Schönheit der Nordseeküste. Die Küste, das Wattenmeer, gefiel ihr, aber ihre Gedanken schienen manchmal woanders zu sein. Sie ging neben mir, ihre Hand in meiner, während der Wind ihre langen Haare durch die Luft wirbelte. Ich fotografierte sie, wie ich es immer tat. Sie war wunderschön, ihre langen Beine, die enge Jeans, die eleganten Stiefel. Ich liebte es, sie zu betrachten, aber an diesem Tag bemerkte ich erneut, dass sie sich meiner Zuneigung ein wenig mehr entzog, Schritt für Schritt.

Cynthia lächelte, als ich sie fotografierte, aber ich bemerkte: Das Lächeln erreichte ihre Augen nicht. Wir standen am Deich, die frische, salzige Luft wehte uns ins Gesicht, und ich wollte sie festhalten, sie an mich ziehen, ihr meine ganze Liebe zeigen. Doch ich zögerte. Etwas in ihrem Blick hielt mich zurück. Es war nicht Abweisung, sondern ein stilles „nicht jetzt".

Ich wusste noch nicht, dass sie innerlich längst die Entscheidung getroffen hatte, unsere Beziehung zu beenden. Für sie war diese Reise eine letzte Verabschiedung. Sie wollte keine langen Gespräche führen, keine Gründe erklären. Ich ahnte noch nichts davon. Ich war immer noch gewillt und überzeugt, dass unsere Beziehung eine Zukunft haben würde, dass wir gemeinsam weitergehen würden, wie bisher.

An diesem Tag an der Nordsee hatte ich keine Ahnung, dass Cynthia längst ein Leben ohne mich plante. Sie lachte, sie ging mit mir spazieren, sie ließ sich von mir immer wieder fotografieren, aber ich sah nicht, dass es für sie schon Abschiedsfotos waren. Es war für mich ein Tag voller Liebe, für sie ein Tag des Loslassens.

Als wir zurück zum Auto gingen, fragte ich sie: Geht es Dir gut?

Sie nickte, lächelte kurz und sagte: *„Ja, alles gut."*

Ich glaubte ihr. Aber jetzt, in der Rückschau, weiß ich: Es war nicht die Wahrheit.

Und sie verlor keine weiteren Worte.

Ausbruch

Die letzte Woche hatte mich in eine merkwürdige Stimmung versetzt, als hätte sich etwas verändert, was ich noch nicht greifen konnte. Ich wusste, dass Cynthia in letzter Zeit nachdenklicher war, dass sie innerlich vielleicht mit etwas haderte, aber ich fühlte nicht den wirklichen Grund zur Sorge. Zumindest dachte ich das. Jetzt, wo ich das erzähle, merke ich, wie sehr ich mich geirrt hatte.

Es begann damit, dass Cynthia zunehmend unabhängiger wirken wollte. Ihr Auto war immer noch in der Reparatur, und ich hatte ihr selbstverständlich weiterhin mein Auto überlassen. Es war für mich keine große Sache. Ich brauchte es ja nicht ständig, und mit dem Motorrad war ich bei gutem Wetter ohnehin glücklicher unterwegs, selbst wenn es kalt war. Aber ich spürte, dass sie sich damit unwohl fühlte. Sie ließ es mich nicht direkt spüren, aber sie erwähnte mehrmals, dass sie sich lieber einen Leihwagen nehmen wollte. Als sie das ansprach, lächelte ich nur und sagte:

Schatz, ich brauche den Wagen wirklich nicht. Er gehört dir, solange deiner in der Werkstatt ist.

Ich konnte nicht ahnen, dass sie sich für meinen Wagen, einen praktischen, aber fast nagelneuen Kombi, schämte. Sie sprach es nie offen aus, aber ich nahm wahr, dass sie meinen Wagen nur ungern fuhr. Für Cynthia waren Autos immer auch ein Statement.

In ihrer Welt musste ein Wagen etwas hermachen, sportlich, luxuriös, ein Hingucker. Mein Pkw war alles andere als das, er war praktisch, zuverlässig, ein Auto, das zu mir und zu meinen Aktivitäten passte. Aber offenbar nicht zu ihr.

Ich erinnere mich noch an ihren Sohn, der einmal trocken dazu bemerkte: „Das geht gar nicht, Mama." Ich habe so getan, als hätte ich es überhört, aber es blieb hängen.

Cynthia verbrachte die Woche über meist bei mir. Morgens fuhr sie mit meinem Wagen zur Arbeit, abends fuhr sie mit einem Kollegen zurück, und ich bemühte mich, den Tag nach ihrer Arbeit für sie so angenehm wie möglich zu gestalten. Doch an jenem Donnerstag spürte ich etwas anderes in ihrer Haltung, auch wenn ich es nicht direkt benennen konnte. Wir hatten einen gemütlichen Abend geplant, wie so oft. Ich hatte gekocht, das tat ich immer gerne für sie. Es war zu einem Ritual geworden, dass ich das Essen liebevoll anrichtete und wir mit einem Glas Wein den Abend begannen.

„Auf UNS", sagte ich, als ich mein Glas hob. Ich meinte es, wie ich es immer meinte, voller Überzeugung, voller Zuneigung. Sie lächelte und stieß mit mir an, aber ich spürte, dass ihre Augen etwas anderes sagten.

Nach dem Essen kuschelten wir uns auf die Couch. Es war ein schöner Abend, zumindest glaubte ich das. Wir sprachen nicht viel, ließen die Stille zwischen uns sprechen, und irgendwann wurde die Stimmung vertrauter, inniger. Ich nahm sie in den Arm, küsste sie, spürte, wie sie sich mir hingab. Es war vertraut, leidenschaftlich und doch ... irgendetwas fehlte. Vielleicht bildete ich es mir ein, aber ich dachte: Ist sie wirklich bei mir?

Später, als wir im Bett lagen und ich sie umarmte, spürte ich ihre Distanz noch deutlicher. Sie sagte zu mir erneut *„ich Dich auch"*, als ich ihr meine Liebe gestand, und dieser Satz hallte in mir nach. Es war der Satz, den sie mir früher in einem anderen Zusammenhang erklärt hatte, ein Satz, der für sie bedeutete, dass sie etwas nicht mehr aus tiefstem Herzen sagen konnte.

Ich wollte es nicht wahrhaben. Ich zog sie näher zu mir, küsste sie auf die Stirn und flüsterte: Schlaf gut, mein Schatz. Ich liebe dich so sehr. Sie nickte, aber ihre Augen verrieten mir etwas anderes. Ich wollte es verdrängen, wollte den Moment nicht ruinieren. Aber in dieser Nacht, als ich endlich eingeschlafen war, begann ein leiser Zweifel in meinem Inneren zu wachsen.

Freitags brachte ich sie wie gehabt zum Dienst und freute mich darauf, sie am Abend wiederzusehen.

Ein Kollege brachte Cynthia nach ihrem gemeinsamen Sport im Fitnessstudio nach Hause, ich hörte, wie sich ihr Schlüssel im Schloss drehte, und freute mich, sie zu sehen, wie immer. Ich war früh da, wollte ihr den Start ins Wochenende so angenehm wie möglich machen. Der Kaffee stand bereit, der Tisch war gedeckt. Aber als sie die Tür öffnete, merkte ich sofort, dass etwas anders war. Sie sah mich an, aber irgendwie auch durch mich hindurch. Ich ging zu ihr, um sie zu umarmen und zu küssen, doch sie erwiderte meine Zuneigung nicht.

Schatz, ich freue mich auf dich, sagte ich, mit dem Versuch, die Distanz zu überbrücken. Sie antwortete nur ein knappes „Ja" und ließ sich auf die Couch fallen. Sie war erschöpft, das konnte ich sehen, aber da war mehr, etwas Schweres, etwas, das mich wie ein kalter Hauch umgab.

Ich setzte mich neben sie, legte meinen Arm um sie, wie ich es immer tat. Das war doch unser Ritual, unser Zeichen von Nähe. Aber diesmal spürte ich keine Erwiderung. Ihre Haltung war starr, ihre Wärme, die ich immer spüren konnte, fehlte. Sie drehte den Kopf weg, und da ahnte ich: Irgendetwas war zerbrochen.

Ich suchte nach Worten, wollte fragen, wollte wissen, was los war, aber ich konnte nicht. Es war, als hätte ich Angst vor ihrer Antwort. Wir hatten noch nie gestritten, nicht einmal eine winzige Auseinandersetzung gehabt. Unsere Beziehung war harmonisch, voller Vertrauen und Leidenschaft. Zumindest empfand ich das so.

Doch an diesem Freitagnachmittag war alles anders. Ihre Stille sprach mehr als Worte, und ich fühlte mich hilflos. Ich wusste nicht, wie ich reagieren sollte. Sollte ich sie direkt fragen? Sollte ich ihr Raum geben? Aber der Raum fühlte sich an wie eine endlose Leere, die sich zwischen uns auszudehnen begann.

Während ich da neben ihr lag, in dem Versuch, Nähe zu finden, hatte ich keine Vorahnung, was sie innerlich bereits entschieden hatte. Sie hatte diese Woche eine Grenze überschritten, die ich nicht einmal erahnte.

Und doch lag sie da, in meinen Armen, in ihrem Zuhause, das wir geteilt hatten, und ich glaubte immer noch, dass wir eine Zukunft hatten. Ich glaubte an uns.

Aber Cynthia hatte sich bereits verabschiedet, nur hatte sie es mir noch nicht gesagt.

Schatz, was ist los mit dir, fragte ich dann doch, fast flehend. Ihre Kälte war wie ein unerträglicher Schmerz, der sich tief in meine Brust bohrte. Aber sie antwortete nicht. Stattdessen lag sie auf der Couch, mir den Rücken zugewandt, telefonierte abwechselnd mit ihren Töchtern und ihren Freundinnen. Es war, als ob ich nicht mehr existierte, als wäre ich Luft, ein Schatten in dem Raum, den wir bis vor wenigen Tagen noch mit Lachen, Liebe und Nähe gefüllt hatten.

Ihre Haltung war nicht nur abweisend, sie war eiskalt. Sie sprach in einer Fröhlichkeit mit ihren Kindern, die sie mir an diesem Abend nicht einmal vortäuschen wollte. Ich saß dort, auf der Sofakante, hilflos und verunsichert. Mein Herz schrie nach einer Erklärung, nach einer Brücke, um zu ihr zu gelangen. Aber sie hatte jede Brücke abgerissen, und ich war allein in meinem Schmerz.

Schatz, ich fahre noch einmal schnell zu mir nach

Hause und hole ein paar Sachen, sagte ich schließlich, als ich die Enge im Raum nicht mehr ertragen konnte. Ich hoffte, dass die Distanz etwas ändern würde, dass sie in meiner Abwesenheit vielleicht doch wieder zu sich finden würde, zu uns. Sie nickte nur knapp, ohne mich wirklich anzusehen, und ich ging.

Eine Stunde später kam ich zurück, in der Tasche ein paar Dinge, die wir fürs Wochenende brauchen könnten, und in mir die Hoffnung, dass sich die Stimmung ein wenig gebessert hatte. Doch nichts war anders. Ihre Haltung war noch immer verschlossen, ihre Blicke leer, und ihre Stimme klang distanziert, fast spöttisch, als sie mit ihrer Kollegin am Telefon alberte.

Es war, als würde sie mir bewusst ihre Distanz demonstrieren, mich absichtlich ausschließen. Mein Herz sank, als ich mich erneut auf die Couchkante setzte, verzweifelt nach einem Weg suchend, sie zu erreichen.

„Ich hasse es, wenn man mir nicht zuhört", sagte sie plötzlich, ohne mich anzusehen, mit einer Schärfe, die wie eine Klinge durch die Stille schnitt. *„Ich habe es oft genug gesagt. Mein Kollege sieht es auch so."*

Die Worte trafen mich wie ein Schlag. Das war keine Erklärung, keine Bitte um Verzeihung, nur diese schneidende, kalte Ablehnung. Ich wusste, dass ich nichts mehr tun konnte. Ich stand auf, schaute sie an, versuchte noch einmal, ihre Mauer zu durchdringen.

Schatz, ich denke nicht, dass Deine Laune so ist, dass wir noch ins Konzert gehen oder eine entspannte

Nacht zusammen verbringen. Ich fahre jetzt zu mir. Morgen früh frühstücken wir zusammen, und ich freue mich auf dich am Wochenende, sagte ich leise, fast resigniert. Es war mein letzter Versuch, den Funken zwischen uns zu retten.

Aber sie sagte nichts. Kein Abschied, keine Erwiderung. Ich ging zur Haustür, drehte mich noch einmal um, blickt zu ihr, aber sie schien in ihrem Gespräch vertieft. Als ich die Tür öffnete und sie langsam hinter mir zuzog, hörte ich ihre Stimme, scharf und endgültig hinterherrufen:

„Wer jetzt geht, braucht nie mehr zurückzukommen."

Die Worte hallten in meinem Kopf, als die Tür, die schon in Bewegung war, ins Schloss fiel.

Für einen Moment stand ich da, unsicher, ob ich zurückgehen sollte, ob es noch Hoffnung gab. Aber die Tür war zu, und mir wurde bewusst, dass es zu spät war.

Ich ging zu meinem Auto, setzte mich hinein und fühlte, wie die Welt unter mir wegzubrechen schien. Alles, was wir in den letzten Monaten aufgebaut hatten, alles, was ich mit ihr geteilt hatte, es war in einem Moment zerbrochen. Sie war fort, und mit ihr ein Teil von mir.

Cynthia erklärte mir später am Telefon, ihre Bemerkung *„Ich hasse es, wenn man mir nicht zuhört"*, bezog sich auf meinen Anruf mit der Frage: Soll ich uns Kuchen mitbringen? Sie war in diesem Moment mit ihrem Kollegen im Fitnessstudio und wollte nicht gestört werden. Es wäre ihr vor ihrem Kollegen peinlich gewesen, dass ich sie „kontrolliert" hätte.

Ich stellte mir vor, wie Cynthia ihren Abend nach unserer letzten Begegnung zelebrierte, beinahe wie ein Ritual, ein kühler, kontrollierter Abschluss, der ihr vermutlich wie eine Befreiung erschien.

Sie würde von der Couch aufgestanden sein, nicht hastig, sondern mit der Eleganz, die sie immer ausstrahlte, selbst in Momenten der Entscheidung. Sie hätte ihren Wohnzimmerschrank geöffnet, die Bewegung ruhig, fast genussvoll, und eines ihrer geliebten roten Kelchgläser herausgenommen. Das Glas würde in ihrer Hand glänzen, als sie mit einer fließenden Geste den Pinot Noir Rotwein, ihr Lieblingswein, einschenkte. Das leise Gluckern des Weins wäre das einzige Geräusch in der stillen, dunklen Wohnung gewesen.

Sie hätte vielleicht gelächelt, dieses kleine, selbstbewusste Lächeln, das sie immer zeigte, wenn sie eine Entscheidung für sich selbst traf, unabhängig, unbeirrbar. Mit dem Glas in der Hand, halb geleert, wäre sie durch ihr Haus gegangen, jeden Raum betretend, in dem Spuren von mir noch sichtbar waren. Sie hätte die Bilderrahmen von den Kommoden genommen, die Fotos herausgezogen und mit einer ruhigen Entschlossenheit zerrissen, jedes Stück zu Boden fallenlassen, als wäre es ein Kapitel ihres Lebens, das sie einfach zu Ende schrieb. Die Konzertkarten, die wir noch gemeinsam nutzen wollten, hätte sie wahrscheinlich ebenfalls mit einer leichten Bewegung zerknüllt und weggeworfen.

Cynthia hätte das alles mit einer stoischen Ruhe getan, die sie mir gegenüber in unseren letzten Momenten zeigte. Ihre Schritte wären gleichmäßig gewesen, ihre Haltung aufrecht, als wollte sie nicht nur sich selbst, sondern auch jedem imaginären Zuschauer beweisen, dass sie Herrin über diese Situation war.

Später, nachdem das Ritual des Loslassens vollendet war, hätte sie sich ins Bett gelegt, nicht hastig, sondern wie jemand, der weiß, dass diese Nacht keine Bürde, sondern ein Anfang ist. Sie hätte tief geschlafen, fast triumphierend, ohne Gedanken an mich, ohne Bedauern, vielleicht mit dem leisen Bewusstsein, dass sie nun „frei" war. Am nächsten Morgen, dem 30. März, hätte sie wie immer die Kaffeemaschine eingeschaltet, das Geräusch und der Duft des brühenden Kaffees Teil ihres gewohnten Morgens. Kein Kaffeeritual mehr zu zweit, aber auch das schien sie nicht zu stören.

Vielleicht hätte sie sich dabei gedacht: Sein Leben geht weiter, und meins beginnt jetzt neu.

Abschied

Vermutlich, wie gewohnt, mit der ersten Tasse Kaffee in der Hand, ließ sie ihren Laptop hochfahren, um nach ihren E-Mails zu sehen, sicherlich erwartete sie eine Nachricht von mir, es wäre auch nicht meine Art gewesen, nicht sofort zu schreiben. Später sagte sie mir, um ihre Gewohnheit zu demonstrieren: „*Zwei E-Mails waren für mich von Interesse, der Rest war Werbung, Amazon, Zalando, Dress-for-Less und noch ein paar mehr.*"

Sie hätte zunächst meine Nachricht gelesen:

Guten Morgen mein Schatz,
nun, seit 2:20 Uhr wollte ich Dir eigentlich schreiben, schlief jedoch immer wieder ein, wachte mit den gleichen Gedanken auf, so ging es im 30 min Takt bis jetzt, gerade. Das Wichtigste zuerst, der gestrige Tag hat nichts an meinen Gefühlen zu Dir, meiner Zuneigung, meinem Begehren geändert. Trotzdem müssen wir darüber reden. Und was ich Dir jetzt schreibe, wird undurchdacht sein, wie meine Gedanken in der vergangenen Nacht, aber es sind meine Gedanken und meine Gefühle.

Ich fuhr gestern Nachmittag nach Nettetal, um meine neuen Schuhe zum Schuster zu bringen, Ledersohlen anbringen zu lassen, holte die Konzertkarten ab und fuhr direkt zu Dir.

Da wir nicht telefonierten, wusste ich ja nicht, wann Du vom Sport nach Hause kommen würdest, aber das ist ja auch egal, ob ich bei mir auf der Couch liege, oder bei Dir auf der Couch liege, macht doch keinen Unterschied. Aber wenn Du nach Hause kommst, wollte ich einfach nur für Dich da sein. Egal wann das sein wird.

Ich fühle mich bei Dir genauso wohl wie bei mir, und ich denke, bei Dir ist es auch umgekehrt so. Der Gedanke, dass Du das Gefühl hast, „Du müsstest schnell nach Hause", weil ich da bin, der ging mir nie durch den Kopf.

Ist mein Gedanke, gleich zu Dir zu fahren, denn so abwegig?

Wir sind jetzt mehr als 8 Monate zusammen, und nie war ein Freitag ein Problem, außer die letzten beiden. Anfangs haben wir uns immer verabredet, weil ich meinen Sohn noch von der Bahn abholte und fuhr dann zu Dir. Dann holte ich Dich direkt nach meiner Arbeit in der Zeit Deiner Reha ab. Meistens telefonierten wir und ich wusste, wann Du nach Hause kommst, dann fuhr ich entsprechend los, damit wir möglichst viel Zeit zusammen verbringen.

Mitnichten möchte ich Dich einengen, oder Druck auf Dich, Deinen geliebten Sport, ausüben, den Du ja erst seit 4 Wochen wieder aufgenommen hast.

Verbringen wir nicht unsere Zeit seit Monaten, als würden wir zusammenwohnen, nennen Dein Haus „unser Landhaus" und mein Haus „unser Stadt-haus?"

Der Gedanke, wenn ich zu Dir fahre, könntest Du so empfinden, als dass ich erwarte, Du sollst dann sofort zu Hause sein, der ging mir nie durch den Kopf, weil ich so nie gedacht habe. Wenn Du allerdings zu Hause sein möchtest, während ich in Deinem Haus bin, dann müssen wir doch nur darüber reden, wann wir uns dann sehen!

Allerdings muss ich Dich dann anrufen, oder Du musst mich anrufen, irgendwie müssen wir dann ja absprechen, wann wir uns sehen.

Gestern las ich im Veranstaltungskalender Löwenburg von dem Konzert. Ich hatte in der Konzertvorschau schon vor Monaten darüber gelesen, hatte es jedoch vergessen. Also fragte ich Dich schnell am Telefon und Du sagtest „…von mir aus."

Ich freute mich sehr darauf, dachte schon den ganzen Nachmittag daran. Dass ich UNS den Abend wohl versaute, weil ich spontan schon zu Dir fuhr und Dich noch anrief und fragte, ob ich denn ein Stück Kuchen mitbringen soll, daran hätte ich niemals gedacht, hätte es ja auch nicht gemacht, sondern lieber mit Dir den Abend genossen.

Wie am Samstag zuvor zum ersten Mal, warst Du kurz angebunden, sprachst mich nicht an, sondern hast nur schmallippig auf meine Fragen geantwortet. Bis Du nach einer knappen halben Stunde sagtest:

„Ich musste mich im Studio überschlagen…..weil Du zu mir fuhrst. Ich fühlte, dass ich schnell nach Hause musste. Auch mein Kollege musste seinen Sport abrechen, weil ich wegen Dir nach Hause musste."

Dabei war es mir nur gleichgültig, ob ich bei mir oder bereits bei Dir auf der Couch liege.

Du warst dadurch schlechtgelaunt, denn sonst hättest Du mit mir gesprochen. Du hast mich noch nicht einmal angesehen. Deine Telefonate mit Deinen Kindern und Deinen Freundinnen waren dagegen freundlich, wie am letzten Freitag.

Schatz, ich habe ein Problem damit, wenn man nicht mehr mit mir redet. So verletzte mich in den letzten 10 Jahren die Mutter meiner Kinder.

Letzten Freitag warst Du fast zornig, sagtest: *„…ich habe keine Lust, auch noch die Freizeit am Wochenende zu organisieren…..es war immer so, ich musste mich um Alles kümmern, für die Kinder der Kaspar sein. Mir ist lieber, Du sagst…..wir gehen heute Abend da- oder dorthin….."*

Dabei fragte ich nur: „Wollen wir zusammen ins Kino gehen?"

Ist in Ordnung, dachte ich mir, trotzdem will ich mit Dir vorher darüber sprechen und wenn Du dann antwortest…..*"heute habe ich gar keine Lust…."* wo ist das Problem?

Schatz, lass' uns heute treffen und am Sonntag gehen wir ja sowieso wieder zum Tanzen in die Tanzschule, ich freue mich so auf Dich. Ich brauche Dich. Ich liebe Dich.

Die letzte Nachricht von Cynthia, die sie mir auf meine E-Mail schrieb, war der endgültige Schnitt, höflich formuliert, aber kalt in ihrer Bestimmtheit. Sie drückte genau das aus, was ich mittlerweile zu spüren begonnen hatte, auch wenn ich es nicht wahrhaben wollte. Ich stellte mir vor, wie sie diese Zeilen verfasste, vielleicht an ihrem Schreibtisch, mit dem gleichen stoischen Ausdruck, mit dem sie mich zuletzt behandelt hatte.

Die Nachricht lautete:

„Lieber R.,

ich danke dir für deine offenen Worte in deiner E-Mail. Aber selbst diese haben mir bestätigt, dass es viele, ja vielleicht sogar zu viele Punkte gibt, die durch Kompromisse von dir oder mir auf Dauer nicht wegzuwischen sind. Leider muss ich dir sagen, dass, obwohl ich unsere Beziehung in den Anfängen sehr genossen habe, im Laufe dieser Zeit immer mehr Zweifel aufkamen und ich zum Ende hin nicht mehr unbeschwert und glücklich sein konnte. Es gab zwar immer wieder Highlights, aber auch immer wieder einen anschließenden Fall. Besonders heftig und zu denken gab mir der letzte Freitag.

Im Moment habe ich nicht das Gefühl, dass wir beide zufrieden und glücklich sein können, egal, wie viele Kompromisse wir auch gegenseitig eingehen würden. „Einer“ von uns müsste immer so viel aufgeben, dass das, was ihn ausmacht, verlorengehen würde.

Lass' uns die Gedanken sortieren, ich werde mich in den nächsten Tagen bei dir melden. Bitte gebe mir diese Zeit und bedränge mich nicht.

Cynthia“

Ich las diese Nachricht mehrfach, suchte zwischen

den Zeilen nach einem Hinweis, einer offenen Tür, einer Möglichkeit, diese Entscheidung doch noch rückgängig zu machen. Aber da war nichts. Ihre Worte waren wie eine Wand, unüberwindbar. Ich wusste, dass es keine weiteren Chancen geben würde. Ich konnte mir genau vorstellen, wie sie den Abschied innerlich zelebrierte, wie sie, nachdem sie mir diese E-Mail geschickt hatte, tief durchatmete, sich vielleicht wieder ein Glas Wein einschenkte und das Gefühl der „Erlösung" genoss. Sie hatte längst mit uns abgeschlossen. Vielleicht hatte sie dabei ein selbstzufriedenes Lächeln auf den Lippen. Cynthia war entschlossen. Sie wollte ein anderes Leben, mit anderen Abenteuern und einer anderen Art von Leidenschaft. Direkt zu sagen, dass sie ihre Sehnsucht nach einem dominanteren Mann ausleben wollte, das konnte sie nicht, oder wollte es nicht. Vielleicht hatte sie Angst, dass ich mich dann noch mehr bemühen würde, mich zu verändern, mich anzupassen. Und das wollte sie schon gar nicht. Sie wollte mich nicht so, wie ich war, und sie wollte nicht, dass ich versuchte, jemand anderes zu werden.

Am Ende war es genau das, was sie in ihrem letzten Absatz anklingen ließ: Derjenige, der sich verbiegen müsste, würde das verlieren, was ihn ausmacht.

Und diesen Satz bezog sie ausschließlich auf sich selbst!

Es war grausam die Zeilen zu lesen, grausamer noch, mir vorzustellen, wie endgültig diese Worte gemeint waren. Aber tief in mir wusste ich jetzt, dass sie sich endgültig entschieden hatte. Und genauso, wie sie sich von mir verabschiedet hatte, wollte sie jetzt ihr neues Leben beginnen, ein Leben ohne mich.

Sie ließ mir eine weitere Nachricht zukommen, dass ihre Tochter ihre Sachen bei mir abholen und gleichzeitig meine Sachen aus ihrem Haus mir zurückbringen würde. Sie wollte mir nicht mehr in die Augen sehen, eine erneute Diskussion wäre unvermeidlich gewesen.

Ein verzweifelter Brief

Liebe Cynthia,

ich habe lange nachgedacht, erneut Deine Worte, E-Mails und unsere letzten Gespräche Revue passieren lassen. Es fällt mir schwer, zu begreifen, was geschehen ist und warum unsere Beziehung so plötzlich, fast über Nacht, und endgültig zu Ende ging. Dennoch möchte ich diesen Brief nicht als Vorwurf verstanden wissen, sondern als Versuch, meine Gefühle und Gedanken zu ordnen und sie Dir in einer Weise mitzuteilen, die unsere gemeinsame Zeit respektiert.

Zunächst einmal akzeptiere ich, dass unsere Beziehung beendet ist. Ich respektiere Deine Entscheidung, auch wenn sie für mich schmerzhaft ist und viele Fragen offenlässt. Was mich jedoch beschäftigt, ist die Art und Weise, wie es dazu kam. Ich habe das Gefühl, dass ich nicht nur Dich, sondern auch das Verständnis für die Dynamik unserer Beziehung verloren habe. Deshalb bitte ich Dich, diesen Brief unaufgeregt zu lesen und vielleicht auch einmal aus meiner Perspektive zu betrachten.

In unseren letzten Gesprächen und in Deinen E-Mails habe ich keinen Moment wahrgenommen, in dem Du Bedauern über das Ende unserer Beziehung geäußert hättest. Das hat mich zutiefst getroffen, denn für mich war diese Beziehung nicht nur eine schöne

Zeit, sondern etwas, das sich für mich zu einer tiefen, bedingungslosen Liebe entwickelt hatte. Vielleicht waren meine Gefühle für Dich stärker, intensiver, als Deine für mich – oder sie haben sich in eine Richtung entwickelt, die Du nicht mehr teilen konntest.

Du hast zuletzt oft von Deinen Zweifeln gesprochen, von den Unterschieden in unserem Alltag oder der Bedeutung des Sports für Dich. Ich respektiere all das und weiß, dass es für Dich wichtig ist. Doch sind solche Unterschiede wirklich Grund genug, eine Beziehung, die auf Liebe basiert, ohne eine weitere Chance zu beenden? Oder war es so, dass Deine Gefühle für mich nicht mehr stark genug waren, um diese Herausforderungen anzugehen? Wenn dem so war, hätte ich mir gewünscht, dass wir offener darüber sprechen – nicht, um Dich umzustimmen, sondern um ein besseres Verständnis füreinander zu schaffen.

Ich habe den Eindruck, dass Du Dich in unserer Beziehung zu Beginn wohlgefühlt hast, dass es ein schönes Verliebtsein war, das aber irgendwann nicht mehr in tiefere Liebe überging. Während sich meine Gefühle für Dich stetig weiterentwickelt haben, scheint es, als hättest Du innerlich bereits begonnen, Dich zu distanzieren. Vielleicht unbewusst, vielleicht weil Du dachtest, dass wir langfristig nicht zueinanderpassen. Was auch immer der Grund war, ich wünschte, wir hätten darüber sprechen können, bevor es zu diesem abrupten Ende kam.

Ich möchte Dich keinesfalls verletzen oder Dir Vorwürfe machen. Vielmehr hoffe ich, dass Du verstehst, wie sehr ich Dich geliebt habe und immer noch liebe. Meine Gefühle für Dich waren bedingungslos, und ich hätte mir gewünscht, dass Du sie so wahrnimmst. Doch ich habe den Eindruck, dass unsere Beziehung für Dich anders war – weniger tief, vielleicht auch weniger bedeutsam. Und das tut mir weh, nicht weil ich Dir etwas vorwerfe, sondern weil ich diese Diskrepanz zwischen unseren Gefühlen nicht rechtzeitig erkannt habe.

Cynthia, Du bist ein wundervoller Mensch, intelligent, attraktiv, warmherzig. Vielleicht bist Du es gewohnt, Deine eigenen Bedürfnisse in den Vordergrund zu stellen, weil das Leben Dich dazu gezwungen hat. Doch manchmal habe ich das Gefühl, dass Du die Gefühle anderer – insbesondere meine – nicht in ihrer ganzen Tiefe wahrnimmst. Das soll kein Vorwurf sein, sondern eine Anregung, vielleicht auch einmal innezuhalten und darüber nachzudenken, ob es so ist.

Ich werde mit der Zeit lernen, mit dem Schmerz umzugehen, und ich werde versuchen, den Fokus auf die schönen Erinnerungen zu legen, die wir gemeinsam geschaffen haben. Doch ich wollte Dir diese Gedanken mitteilen, weil ich glaube, dass sie wichtig sind, für mich, aber vielleicht auch für Dich.

Ich wünsche Dir von Herzen alles Gute, Cynthia. Mögen Deine Entscheidungen Dich glücklich machen und Dein Leben bereichern. Und wenn Du irgendwann an unsere gemeinsame Zeit zurückdenkst, hoffe ich, dass Du sie nicht nur als „angenehm und OK" siehst, sondern als eine Zeit, in der zwei Menschen einander auf eine Weise verbunden waren, die – zumindest für mich – einzigartig war.

Mit lieben Grüßen R.

War sie das wirklich eine Narzisstin?

Eine ausgeprägte Narzisstin ist eine faszinierende und zugleich herausfordernde Persönlichkeit. Ihre äußere Erscheinung ist makellos – sie ist sich ihres attraktiven Aussehens vollkommen bewusst und setzt es gezielt ein, um Aufmerksamkeit zu erregen und Bewunderung zu erhalten. Ihre Figur ist perfekt in Szene gesetzt, sei es durch Fitness, Diäten oder durch geschickte Kleiderwahl, die ihre Vorzüge betonen. Sie kleidet sich stilvoll, oft mit einem Hauch von Eleganz oder Provokation, die Blicke auf sich ziehen. Ihr Auftreten ist selbstsicher, fast magnetisch, und in ihrem Lächeln liegt eine Mischung aus Verführung und Überlegenheit.

Bildung und Intellekt sind für sie ebenfalls eine Bühne. Sie beherrscht Gespräche mühelos, kennt sich in verschiedenen Themen aus und setzt gezielt ihr Wissen ein, um andere zu beeindrucken. Oft spricht sie mit einer scharfen Intelligenz und einem Hauch von Ironie, was sie noch anziehender macht. Doch hinter dieser Fassade steht weniger ein echtes Interesse an ihrem Gegenüber, sondern der Wunsch, sich selbst zu bestätigen und in den Augen anderer zu glänzen.

Sexuell ist sie äußerst verführerisch. Sie versteht es, ihre Reize gekonnt einzusetzen, spielt mit Blicken, Gesten und Worten, bis ihr Gegenüber ihr verfallen ist. Ihr Charme und ihre Präsenz sind so überwältigend, dass ihr schwer zu widerstehen ist. Für den Moment lässt sie den anderen glauben, der Mittelpunkt ihrer Welt zu sein. Doch dies ist oft eine Illusion – für sie ist die Verführung ein Spiel, eine Herausforderung, die sie genießen und kontrollieren möchte.

Sobald die Beziehung jedoch Routine wird oder der Partner ihre Erwartungen nicht mehr erfüllt, beginnt ihr Interesse zu schwinden. Sie braucht ständig neue Reize und Bestätigung, und wenn sie das Gefühl hat, dass die Beziehung ihr nicht mehr genug Anerkennung bringt, zieht sie sich zurück. Oft geschieht das abrupt, ohne Rücksicht auf die Gefühle des anderen. Was bleibt, ist der Eindruck eines Menschen, der gleichermaßen faszinierend wie schwer zu greifen ist, ein Feuerwerk, das hell leuchtet, aber auch schnell erlischt.

Ihre größte Schwäche liegt in ihrer Abhängigkeit von äußerer Bestätigung. Hinter der glänzenden Fassade verbirgt sich oft eine tiefe Unsicherheit, die sie niemals offen zeigen würde. Sie ist gefangen in einem Kreislauf aus Verführung, Bestätigung und Abwendung, unfähig, sich auf eine tiefere und lange Bindung einzulassen.

Und um eine Beziehung zu beenden, und zwar endgültig, gehen Narzissten oft wie geschildert vor. Dieser Text stammt nicht von mir, sondern aus vielen psychologischen Lehrbüchern zusammengestellt:

Wenn eine ausgeprägte Narzisstin eine Beziehung beenden will, hinterlässt sie oft emotional "verbrannte Erde". Dies geschieht auf subtile oder auch auf dramatische Weise, je nachdem, was sie für die effektivste Methode hält, um sich aus der Beziehung zu lösen und gleichzeitig die Kontrolle zu behalten. Hier sind die typischen Mechanismen, die sie einsetzt:

1. Abwertung und Manipulation.

Nachdem sie ihren Partner zunächst idealisiert hat, beginnt sie ihn zu entwerten. Fehler und Schwächen, die sie vorher toleriert oder ignoriert hat, werden plötzlich hervorgehoben. Sie kritisiert und stellt den Partner subtil oder direkt als unzureichend dar.

Diese Abwertung geschieht oft so geschickt, dass der Partner beginnt, an sich selbst zu zweifeln. Dadurch wird die emotionale Distanz vergrößert, während die Narzisstin ihre Überlegenheit betont.

2. Emotionales Chaos stiften.

Sie kann bewusst Konflikte provozieren, den Partner in Streitgespräche verwickeln oder passiv-aggressiv handeln. Ziel ist es, eine toxische Atmosphäre zu schaffen, in der der Partner sich ausgelaugt und hilflos fühlt.

In dieser Phase gibt sie oft widersprüchliche Signale, einerseits distanziert sie sich emotional, andererseits gibt sie gerade genug Nähe, um den Partner weiterhin an sich zu binden.

3. Opferrolle einnehmen.

Um die Schuld für das Scheitern der Beziehung nicht bei sich selbst zu sehen, stellt sie sich als Opfer dar. Sie klagt darüber, dass der Partner sie nicht ausreichend geschätzt, geliebt oder unterstützt habe.

Diese Taktik wird oft verwendet, um ihren Ruf zu schützen und gleichzeitig Sympathie bei Außenstehenden zu gewinnen.

4. Gezieltes "Gaslighting".

Sie verdreht die Realität, um den Partner glauben zu machen, dass die Probleme allein bei ihm liegen. Aussagen wie „Du bist zu empfindlich" oder „Ich kann so nicht mehr, wegen dir" sind typische Mittel, um den Partner emotional zu destabilisieren.

5. Plötzliche Distanz und emotionale Kälte

Während sie in der Anfangsphase der Beziehung emotional präsent und intensiv war, wird sie am Ende oft distanziert, kalt und gleichgültig. Der Partner fühlt sich plötzlich wie ein Fremder.

Diese abrupte Veränderung hinterlässt beim Partner oft Verwirrung und Schmerz, da er nicht nachvollziehen kann, warum die Beziehung so schnell auseinanderfällt.

6. Öffentliche Demütigung.

In extremen Fällen kann sie private Details aus der Beziehung verwenden, um den Partner öffentlich oder im gemeinsamen sozialen Umfeld zu diskreditieren. Dies geschieht oft hinter verschlossenen Türen, manchmal aber auch offen. Ihr Ziel ist es, sich selbst als „Gewinnerin" der Trennung darzustellen und den Partner klein und schwach wirken zu lassen.

7. Rücksichtsloses Verlassen

Der endgültige Schnitt erfolgt oft unerwartet und ohne Rücksicht auf die Gefühle des Partners. Sie zieht sich abrupt zurück, bricht den Kontakt ab oder sucht schnell eine neue Beziehung, um ihre emotionale Leere zu füllen. Oft hinterlässt sie den Eindruck, dass der Partner ihr völlig egal geworden ist, was besonders verletzend wirkt.

Die Folgen für den Partner:

Emotionale Erschöpfung: Der Partner bleibt mit einem Gefühl der Leere, Wertlosigkeit und Selbstzweifel zurück.

Soziale Isolation: Oft hat sie während der Beziehung dafür gesorgt, dass der Partner sich von Freunden oder Familie entfremdet hat, wodurch er nach der Trennung auf sich allein gestellt ist.

Verlust von Selbstwert: Die ständige Abwertung und Manipulation haben oft tiefe Spuren hinterlassen, sodass der Partner lange braucht, um wieder Vertrauen in sich selbst und andere zu entwickeln.

Die Narzisstin selbst jedoch geht meist unbeeindruckt weiter. Sie sucht neue Quellen der Bewunderung und Bestätigung, ohne sich mit dem Schaden auseinanderzusetzen, den sie hinterlassen hat. Der „Schutt" der vergangenen Beziehung bleibt allein beim Partner zurück. (Quelle: Internet)

Ihr letzter Brief bestätigt die gängigen Einschätzungen der Psychologen.

„Gott Vater verzeiht, ein Narzisst nie!"

Ein Zitat, das ein Betroffener oder eine Betroffene

nach einer toxischen Beziehung, niemals mehr vergisst, stammt aus dem Buch „Malignant Self Love: Narcissism Revisited" von Sam Vaknin.

Vaknin, ein Autor und selbstdiagnostizierter Narzisst, hat sich intensiv mit seiner eigenen narzisstischen Persönlichkeitsstörung auseinandergesetzt und dieses Werk veröffentlicht, das häufig als Referenz für Laien und Fachleute dient, die sich mit dem Thema Narzissmus beschäftigen.

Und dann erhielt ich auf meine E-Mail, die letzte Nachricht von Cynthia:

„R.

Du willst eine Gegendarstellung?

Dann bekommst du sie, deutlich, hart und ohne Umschweife.

Zuerst einmal: Ich habe deinen Brief nur überflogen, weil ich keine Lust habe, mich durch diesen emotional aufgeladenen Monolog zu quälen. Aber eines springt mir ins Auge: Willst du ernsthaft behaupten, wir hätten eine schöne Zeit miteinander verlebt? Lass uns die Realität nicht vergessen: Du hattest Prostatakrebs, trägst ein Implantat, du bist ein sexueller Krüppel. Das sind keine Beleidigungen, das ist Fakt. Und im Gegensatz zu dir mache ich daraus keine Sache.

Ich sage es ganz klar: Es war ein Fehler, dich überhaupt kennenzulernen. Hätte ich die Möglichkeit, die Zeit zurückzudrehen, ich würde keinen Augenblick zögern. Und ja, ab jetzt ist es Krieg, von dir initiiert. Aber wenn du glaubst, ich werde nur still dastehen und mich verteidigen, täuschst du dich. Ich gehe in die Offensive, und du wirst keine Chance haben.

Du bist unfähig, meine Bedürfnisse zu verstehen, weil es dir immer nur um dich selbst geht. Deine größte Sorge ist, wie du dich vor anderen präsentierst, sei es vor meinen Freunden, Kollegen oder Bekannten. Alles, was du willst, ist Aufmerksamkeit. Du willst als „das Opfer" dastehen, während ich die „Hexe" bin. Deine Egonummer hat keine Grenzen, das zeigt, wie skrupellos du bist.

Dein Problem ist ganz einfach: Du kommst nicht damit klar, dass „ich" diese Beziehung beendet habe – nicht du. Dein verletztes Ego kann es nicht ertragen. Bei deiner Exfrau hast du den Schlussstrich gezogen, alles war geregelt, und du konntest als „Mann" davonziehen. Aber hier? Hier habe ich dir diese Macht genommen, und das bringst du nicht auf die Reihe. Deine Eitelkeit ist verletzt, und jetzt suchst du Wege, mich anzugreifen.

Was mich wirklich schockiert: Wie habe ich mich auf dich einlassen können? Wie konnte ich so blind sein, dein wahres Gesicht nicht früher zu sehen? Stattdessen hast du dich hinter dieser „Netter-Mann"-Fassade versteckt, bis alles zusammengebrochen ist. Jetzt sehe ich, wer du wirklich bist – und das ist ein Mensch, der keine Grenzen kennt, wenn es darum geht, seinen Stolz zu retten. Reichen dir deine eigenen Streicheleinheiten jetzt noch nicht? Vermutlich nicht. Aber das ändert nichts daran, dass du mir und meinem Leben nichts mehr anhaben kannst. Das war's.

Cynthia"

Epilog

Die E-Mails von Cynthia sind selbstverständlich nicht die wörtlich zitierten Texte, aber sinngemäß und „in der Aussage" ganz und gar authentisch. Meine E-Mails geben meine Worte, Gedanken und Gefühle wider, wie ich sie formuliert hatte.

Nach der Beziehung mit Cynthia habe ich ein Jahr lang ausschließlich psychologische Lehrbücher gewälzt um das Phänomen „Narzissmus", das mir bis dahin fremd war, zu verstehen.

Ein Mann, der von einer Narzisstin „abgeschossen" wurde, durchlebt eine emotionale Achterbahnfahrt, die tiefgreifender ist, als er es sich je hätte vorstellen können. Das Gefühl ist oft überwältigend, widersprüchlich und zehrend, denn eine Beziehung zu einer Narzisstin ist intensiv, erotisch, berauschend und gleichzeitig toxisch. Sie ist geprägt von Höhenflügen. Sie hat ihn idealisiert, ihn glauben lassen, er sei der Beste, der Einzige, der sie glücklich machen kann. Dieses Gefühl von Erhabenheit ist, wie eine Droge – und der Entzug schmerzt. Der Verlust ist nicht nur der einer Partnerin, sondern der eines Traums, den sie geschickt aufgebaut hat.

Das Ende einer Beziehung zu einer Narzisstin ist brutal, aber es kann, besser – es muss, der Beginn von Heilung und persönlicher Reflexion sein. Der Schmerz zwang mich, zwingt einen verlassenen Partner, tiefer in sich selbst zu blicken, Muster zu erkennen und daraus zu lernen. Es ist ein schwerer Weg, aber am Ende steht möglicherweise ein stärkeres Selbstbewusstsein, und die Fähigkeit, gesündere Beziehungen zu führen.

Und irgendwann, wenn das Licht wieder an ist, sieht er klar: Es war nicht Liebe, es war ein Spiel, es war eine „verführte Wahrheit", und er hat überlebt.